KB235617

THINK

예비목자양육 I

섬기는 그 한 사람

'THINK 양육'은 지식을 쌓기 위한 성경 공부가 아니라 자신의 가치관을 바꾸는 훈련입니다. THINK 양육의 핵심은 '구속사로 성경을 읽어 가는 큐티'를 배우는 데 있습니다. 큐티는 생각하는 훈련입니다. 주님을 알기 전에 우리는 자기중심적인 생각을 합니다. 사건마다, 사람마다 자기 입장에서 생각하기에 다른 사람을 이해하지 못하고, 원망과 불평의 올무에 갇히기 쉽습니다. 그러나 주님은 나 한 사람의 구원을 위해 이 세상의 모든 환경을 움직이셨을 뿐만 아니라 오랜 시간 기다려 주시고 자신의 생명까지 내어 주셨습니다. 이런 주님을 만나게 된 사람은 매 순간 '예수님이라면 나와 같은 상황에서 어떻게 하셨을까?' 하고 생각하게 됩니다.

'생각'(think)을 잘못하면 '가라앉게'(sink) 되고, '탱크'(tank)처럼 자기 열심으로 밀어붙이게 됩니다. 내 생각에 치우치지 않고 예수님처럼 생각하려면 말씀으로 오신 주님을 만나야 합니다. 큐티는 말씀 묵상을 통해 내 생각과 욕심을 가지치기하는 훈련입니다. 성경을 구속사적인 관점으로 보면서 아브라함을 비롯한 수많은 믿음의 조상들의 삶에 자신을 투영시켜 조명하는 것입니다. 그러면서 자신의 죄를 발견하고 주님의 은혜 없이는 살 수 없는 존재임을 깨달으며, 매일 새롭게 거룩한 사람으로 창조해 가는 신앙 훈련입니다. '생각'(think)을 바르게 하면, 어떤 환경에서도 '감사'(thank)가 나오고, 큐티의 궁극적인 목적인 영혼 구원의 사명을 발견하는 데까지 이르게 됩니다.

이렇게 말씀 앞에 겸손히 자신을 직면하고 하나님의 주권을 인정하면 나의 구원을 위해 어떤 것도 버릴 것이 없음을 깨닫게 됩니다. 말씀 안에서 나와 다른 '너'를 이해하고 받아들이며, 상대방을 주님의 마음으로 깊이 체휼하고, 십자가 지는 사랑으로 나아가게 됩니다. 이렇게 영혼 구원을 목적으로 이타적인 삶을 소망하는 사람들이 모인 공동체는 은혜와 구원의 통로로 쓰임받게 됩니다.

THINK 예비목자양육은 각 과마다 'THINK'의 원리로 진행됩니다.

첫 번째 단계는 '마음 열기'(Telling, 텔링)입니다.

THINK의 첫 시작, 마음 열기는 예수님을 초청하는 시간입니다. 내 삶이 예수님과 어떤 연관이 있는지 생각해 보면서 마음 문을 열어 봅니다. 예수님은 의인을 찾으러 오신 것이 아니라 죄인을 부르려고 오셨습니다. 예수님을 초청한다는 것은 내 죄를 고백하는 것이기도 합니다. 그리고 주일/수요 설교 말씀을 되새기면서 나를 찾아오신 주님에게 마음을 열고 내 생각을 말합니다.

두 번째 단계는 '말씀 읽기'(Holifying, 홀리파잉)입니다.

우리는 스스로 거룩해질 수 없습니다. 오직 말씀이신 예수님(요 1:14)을 만나야만 삶이 거룩해집니다. 매주 주제 큐티 말씀을 묵상할 때, 성령의 감동을 구해야 합니다(딤후 3:16). 특별히 예비목자양육 과정에서는 구속사적 교리를 좀 더 깊이 다루려고 합니다. 매 과의 주제와 관련한 성경 본문을 더 찾아 묵상하고, 해당 질문에 답하면서 좀 더 포괄적이고, 깊이 있는 묵상으로 인도합니다.

세 번째 단계는 '해석하기'(Interpreting, 인터프리팅)입니다.

우리는 예수님을 영접해도 각자 살아온 방식이 있어서 자기 생각으로 예수님을 만나려고 합니다. 그러나 내 생각에 예수님의 생각을 맞추는 것이 아니라 내 생각을 내려놓고 나를 만나 주신 예수님의 생각을 알아가야 합니다. 말씀을 구속사로 해석하는 것은 옳고 그름을 논하는 것이 아니라 하나님의 관점, 곧 구원의 관점으로 성경을 보는 것입니다. 매 과의 '해석하기'는 성경을 구속사적인 관점으로 보는 데 큰 도움이 될 것입니다.

네 번째 단계는 '돌아보기'(Nursing, 널싱)입니다.

말씀으로 주님을 만나고 하나님의 관점으로 해석한 다음에는 스스로 말씀을 깨닫는 훈련을 해야 합니다. 주제 도서를 읽고 독후감을 쓰는 동안 매 과의 주제가 좀 더 명확해집니다. 깨달은 말씀에 비추어 자신을 돌아보고, 지체와 공동체를 돌아보게 됩니다. 내가 먼저 양육이 되면 손과 발, 시간과 물질이 가는 '적용'을 하게 되고, 다른 사람을 돌보며 공동체를 섬기는 데까지 나아가게 됩니다.

마지막 단계는 '살아내기'(Keeping, 키핑)입니다.

깨달은 말씀을 마음에 새기고 실제적인 삶을 살아낼 때, 자신과 가정, 공동체를 지킬 수 있습니다. 일주일간《큐티인(QTin)》(큐티엠 발행 월간 QT)을 활용해 큐티하고, 매주 주제에 맞는 생활 숙제를 하면서 삶의 변화를 경험하게 됩니다. 이렇게 날마다 큐티를 하면서 그날그날의 말씀으로 살아가고, 말씀을 지키는 삶이야말로 가정과 공동체를 중수하는 삶입니다.

특별히 THINK 예비목자양육은 교회 공동체의 소그룹 리더(목장의 목자)를 배출하는 과정입니다. 목자는 소그룹 모임을 인도하면서 소속 성도를 세심하게 관찰하고, 그들의 영적 질서 회복과 유지를 위해 모든 봉사와 섬김을 감당하게 됩니다. 교회의 목회 원칙을 성도 한 사람 한 사람에게 전달하고 실천되도록 목회자를 보좌하는 평신도 사역자로서, 매우 중요한 직분입니다. 이처럼 중요한 목자의 직분은 함부로 임명할 수도, 임명 받을 수도 없습니다. 따라서 목자로 부름을 받기 위해서는 무척 까다로운 조건을 요구합니다.

소그룹에서 부목자의 역할을 충실히 수행하면서 목자의 추천과 사역자의 판단에 따라 일정 인원을 선발해 예비목자양육을 실시합니다. 예비목자양육은 두 단계로 구성된 10주 과정으로, 목자가 되려면 총 20주간의 모든 과정을 이수해야 합니다. 모든 단계에 목장 인도를 위한 워크숍이 포함되어 있으며, 예비목자양육 I 과정을 마친 성도 가운데 일부가 목자로 임명되고, 목자로 세워지면 예비목자양육 II 과정을 수료해야 합니다. 이로써 하나님 나라를 확장하는 사명을 감당하게 됩니다.

끝으로, 생각이 넘쳐 나는 이 시대에 'THINK 예비목자양육'을 통해 내 생각을 버리고 예수님의 생각을 구하며 그분의 뜻에 따라 최소한의 순종을 할 수 있는 은혜가 임하기를 간구합니다. 무너진 영적 질서가 바로 세워지고 관계가 회복되며, 자신과 가정, 공동체를 중수하는 여러분이 되시기를 주님의 이름으로 축복합니다.

큐티엠 대표

THINK 양육 개관

THINK 기초양육 (6주)

기독교의 기본 교리를 배우는 과정으로, 세례 교육 과정을 포함합니다. 세례를 받기 위해서는 이 과정을 반드시 수료해야 하며, THINK 양육을 받기 전에 기초를 다지게 됩니다. 매주 6주 과정이 쉬지 않고 순환하여 진행되므로 언제든 양육을 시작할 수 있습니다.

THINK 양육 (10주)

교회 등록 후 3개월 지난 세례 교인이 소그룹 리더(소속 목장의 목자)의 추천을 받아 신청합니다. 10주 과정으로 1년에 두 차례 모집합니다(모집 방법은 각 교회 방침에 따름). 양육자와 1-3명의 동반자로 구성되며, 성경 지식을 가르치고 배우는 것이 아니라 서로의 삶을 나누고 예수 그리스도를 본받는 훈련입니다. 신앙고백으로 시작해 하나님, 예수님, 성령님에 대해 묵상하고 나누며, 그리스도인의 삶에 대해 실제적으로 배우면서 자기 자신에 대해 알게 됩니다. 이를 통해 큐티와 기도생활, 예배생활이 자연스럽게 삶에 녹아들 것입니다.

THINK 양육교사 (10주)

THINK 양육을 수료한 성도가 다시 양육자로 섬기기 위해 거쳐야 하는 심화 과정입니다. 담당 사역자로부터 동반자를 섬기며 나눔을 인도하는 방법을 훈련받습니다. 교재와 과제물은 THINK 양육과 동일하며, 수료 후에 THINK 양육교사로 섬기게 됩니다. 이기적인 신앙에서 벗어나 영적 리더십을 배우면서 지경이 넓어지며, 자신의 상처와 죄를 깊이 드러냄으로써 영적 갈등의 치유와 회복을 경험하게 됩니다.

THINK 예비목자양육 I·II (총 20주)

리더를 세우기 위한 과정으로, 소그룹(목장)의 부목자와 목자가 목원들을 효과적으로 섬기기 위해 양육되는 과정입니다. THINK 예비목자양육은 두 단계로 나뉘는데, 목자로 섬기게 될 사람은 20주간의 예비목자양육 I·II 과정을 모두 이수해야 합니다. 예비목자양육 I과정을 마친 성도 가운데 일부가 목자로 부름을 받고, 목자로 세워지면 예비목자양육 II과정을 수료하게 됩니다. 이로써 하나님 나라를 확장하는 사명을 감당하게 됩니다.

THINK 중보기도 (4주, 연 2회)

THINK 중보기도는 기복(祈福)을 넘어선 팔복(八福)의 기도를 배우는 시간으로, 소그룹 리더의 추천을 받고 세례를 받은 분이라면 참여 가능합니다. THINK 중보기도는 4주 과정으로 연 2회(총 8주) 진행됩니다. 매주 2개씩, 전체 16개의 주제를 다루게 됩니다(진행 방법은 각 교회 방침에 따름). 나만을 위해, 가족만을 위해 드렸던 기도의 울타리를 넘어서서 넓게 펼쳐볼 수 있습니다. THINK 중보기도를 통해 중보기도 파수꾼으로 섬길 자격을 얻게 되며, 누군가를 위해 중보기도하는 '기도의 사람'으로 거듭날 것입니다.

차례

※ 일부 주제 큐티 예시 필자의 이름은 본인의 요청으로 필명을 사용했음을 밝힙니다.

성경은 인간 스스로 구원에 이를 수 없으며,
오직 예수 그리스도만이 유일한 구세주이심을 확실히 증거합니다.
그럼에도 예수님을 믿지 않는 것은 죄입니다.

01

성경

내 안에 뚫고 들어온 말씀

요한계시록 5:1-7

01 성경

내 안에 뚫고 들어온 말씀 요한계시록 5:1-7

마음 열기 Telling 마음을 열고 생각을 나누는 시간

- 가장 좋아하는 성경 말씀은 무엇이고, 그 말씀을 좋아하는 이유는 무엇입니까?
- 주일/수요 설교를 듣고 느낀 점을 나눠 봅시다.

말씀 읽기 Holifying 깊은 묵상을 위한 질문과 답

1. 살아 있고 활력 있는 말씀 (히브리서 4:10-13)

10 이미 그의 안식에 들어간 자는 하나님이 자기의 일을 쉬심과 같이 그도 자기의 일을 쉬느니라 11 그러므로 우리가 저 안식에 들어가기를 힘쓸지니 이는 누구든지 저 순종하지 아니하는 본에 빠지지 않게 하려 함이라 12 하나님의 말씀은 살아 있고 활력이 있어 좌우에 날선 어떤 검보다도 예리하여 혼과 영과 및 관절과 골수를 찔러 쪼개기까지 하며 또 마음의 생각과 뜻을 판단하나니 13 지으신 것이 하나도 그 앞에 나타나지 않음이 없고 우리의 결산을 받으실 이의 눈 앞에 만물이 벌거벗은 것 같이 드러나느니라

1) 왜 "안식에 들어가기를 힘쓰라"는 명령 직후에 '하나님의 말씀'을 언급합니까?
(11-12절)

2) 말씀이 내 마음의 생각과 뜻을 판단해 내 모습이 벌거벗은 것같이 하나님 앞에 드러
   난 경험이 있습니까? (13절)

____

____

____

2. 성경의 기록 목적 (요한복음 20:30-31)

30 예수께서 제자들 앞에서 이 책에 기록되지 아니한 다른 표적도 많이 행하셨으나 31 오직
이것을 기록함은 너희로 예수께서 하나님의 아들 그리스도이심을 믿게 하려 함이요 또 너
희로 믿고 그 이름을 힘입어 생명을 얻게 하려 함이니라

• 성경이 기록된 근본적인 이유는 무엇입니까? (31절)

____

____

____

⌘ 오늘 내가 감사드려야 할 '표적'(30절)을 구체적으로 기록해 봅시다. 그리고 그 기록
   이 오직 '예수의 생명'(31절)으로 이어질 수 있도록 기도하십시오.

3. 성경의 역할 (디모데후서 3:16-17)

16 모든 성경은 하나님의 감동으로 된 것으로 교훈과 책망과 바르게 함과 의로 교육하기에 유익하니 17 이는 하나님의 사람으로 온전하게 하며 모든 선한 일을 행할 능력을 갖추게 하려 함이라

● 성경은 우리를 위로합니까? 책망합니까? (16절)

____

____

____

⌘ 성경을 읽으면서 책망받기를 즐겨합니까? 위로받기만 좋아합니까?

4. 성경을 이루시는 예수님 (마태복음 26:47-56)

47 말씀하실 때에 열둘 중의 하나인 유다가 왔는데 대제사장들과 백성의 장로들에게서 파송된 큰 무리가 칼과 몽치를 가지고 그와 함께 하였더라 48 예수를 파는 자가 그들에게 군호를 짜 이르되 내가 입맞추는 자가 그이니 그를 잡으라 한지라 49 곧 예수께 나아와 랍비여 안녕하시옵니까 하고 입을 맞추니 50 예수께서 이르시되 친구여 네가 무엇을 하려고 왔는지 행하라 하신대 이에 그들이 나아와 예수께 손을 대어 잡는지라 51 예수와 함께 있던 자 중의 하나가 손을 펴 칼을 빼어 대제사장의 종을 쳐 그 귀를 떨어뜨리니 52 이에 예수께서 이르시되 네 칼을 도로 칼집에 꽂으라 칼을 가지는 자는 다 칼로 망하느니라 53 너는 내가 내 아버지께 구하여 지금 열두 군단 더 되는 천사를 보내시게 할 수 없는 줄로 아느냐

54 내가 만일 그렇게 하면 이런 일이 있으리라 한 성경이 어떻게 이루어지겠느냐 하시더라

55 그 때에 예수께서 무리에게 말씀하시되 너희가 강도를 잡는 것 같이 칼과 몽치를 가지고 나를 잡으러 나왔느냐 내가 날마다 성전에 앉아 가르쳤으되 너희가 나를 잡지 아니하였도다

56 그러나 이렇게 된 것은 다 선지자들의 글을 이루려 함이니라 하시더라 이에 제자들이 다 예수를 버리고 도망하니라

1) 예수님은 유다의 배반에 어떻게 반응하십니까? (47-50절)

____

____

____

2) 예수님은 왜 베드로에게 칼을 도로 칼집에 꽂으라고 하십니까? (52-56절)

____

____

____

5. 말씀을 먹으라 (에스겔 2:8-10, 3:3-4)

2:8 너 인자야 내가 네게 이르는 말을 듣고 그 패역한 족속 같이 패역하지 말고 네 입을 벌리

고 내가 네게 주는 것을 먹으라 하시기로 9 내가 보니 보라 한 손이 나를 향하여 펴지고 보라 그 안에 두루마리 책이 있더라 10 그가 그것을 내 앞에 펴시니 그 안팎에 글이 있는데 그 위에 애가와 애곡과 재앙의 말이 기록되었더라 …… 3:3 내게 이르시되 인자야 내가 네게 주는 이 두루마리를 네 배에 넣으며 네 창자에 채우라 하시기에 내가 먹으니 그것이 내 입에서 달기가 꿀 같더라 4 그가 또 내게 이르시되 인자야 이스라엘 족속에게 가서 내 말로 그들에게 고하라

● 왜 성경책에는 애가와 애곡과 재앙의 말이 기록되어 있습니까? 어떻게 하면 슬픈 성경책이 꿀송이같이 달아집니까? (2장 10절, 3장 3절)

____

____

6. 말씀 묵상으로 변화되는 삶 (로마서 2:13)

13 하나님 앞에서는 율법을 듣는 자가 의인이 아니요 오직 율법을 행하는 자라야 의롭다 하심을 얻으리니

● 왜 율법을 행해야만 의롭다고 하십니까? (13절)

____

____

1 내가 보매 보좌에 앉으신 이의 오른손에 두루마리가 있으니 안팎으로 썼고 일곱 인으로 봉하였더라 2 또 보매 힘있는 천사가 큰 음성으로 외치기를 누가 그 두루마리를 펴며 그 인을 떼기에 합당하냐 하나 3 하늘 위에나 땅 위에나 땅 아래에 능히 그 두루마리를 펴거나 보거나 할 자가 없더라 4 그 두루마리를 펴거나 보거나 하기에 합당한 자가 보이지 아니하기로 내가 크게 울었더니 5 장로 중의 한 사람이 내게 말하되 울지 말라 유대 지파의 사자 다윗의 뿌리가 이겼으니 그 두루마리와 그 일곱 인을 떼시리라 하더라 6 내가 또 보니 보좌와 네 생물과 장로들 사이에 한 어린 양이 서 있는데 일찍이 죽임을 당한 것 같더라 그에게 일곱 뿔과 일곱 눈이 있으니 이 눈들은 온 땅에 보내심을 받은 하나님의 일곱 영이더라 7 그 어린 양이 나아와서 보좌에 앉으신 이의 오른손에서 두루마리를 취하시니라

1. 오류가 없는 완전무결한 하나님의 말씀입니다.

성경은 성령의 감동을 받은 40여 명의 저자에 의해 약 1600년에 걸쳐 기록된 책입니다. 여호와의 책, 하나님의 선한 말씀, 그리스도의 말씀, 생명의 말씀 등 성경을 가리키는 명칭은 다양하지만, 내용은 서로 대립되거나 모순되는 점 없이 통일을 이루고 있습니다. 성경은 인간 스스로 구원에 이를 수 없으며, 오직 예수 그리스도만이 유일한 구세주이심을 확실히 증거합니다. 그럼에도 예수님을 믿지 않는 것은 죄입니다. 단순히 부도덕한 일, 지적인 실수가 아니라 하나님을 대적하는 행위입니다.

2. 성경은 비밀의 책입니다(1절).

'두루마리 안팎으로 썼다'는 말씀은 그만큼 내용이 많다는 뜻입니다. 성경은 우주 만물을 향한 하나님의 뜻이 담겨 있는 책입니다. 교회의 계획과 목적, 세계 역사와 인류의 운명까지 전부 기록된 책입니다. 그런데 문제는 이 책이 일곱 인으로 봉해져 있다는 것입니다. 성경에서 숫자 '7'은 '완전함'을 뜻합니다. 따라서 '일곱 인으로 봉했다'라는 말씀은 계시의 완전성과 비밀성을 상징합니다. 하나님이 보여 주시기 전에는 누구도 이 책의 내용을 알 수 없다는 의미입니다. 즉, 성경은 모두가 다 알아보게 썼지만 세상에 속한 사람에게는 비밀의 책입니다. 각자 믿음의 분량만큼만 보입니다. 오직 그리스도 안에 거하는 자만이 성경을 깨닫습니다.

3. 비밀의 책을 열기 위해서는 울어야 합니다(2-4절).

계시록을 계속 읽다 보면 두루마리의 일곱 인을 뗄 때마다 재앙이 일어납니다. 두루마리 안에는 앞으로 일어날 일곱 인, 일곱 나팔, 일곱 대접 등 심판이 기록되어 있습니다. 그러니 누가 감히 이 인을 뗄 수 있겠습니까? 지성과 이성으로, 권력과 돈으로 뗄 수 있는 것이 아닙니다. 사도 요한도 그 두루마리를 펴거나 보거나 하기에 합당한 자가 보이지 않아서 크게 웁니다. 우리도 성경이 안 깨달아져서 울어야 하고, 성경을 깨달은 후에는 내 식구가 못 깨닫는 것 때문에 울어야 합니다. 심판의 소식을 전하려면 우는 것밖에는 길이 없습니다.

4. 비밀의 책을 여는 분은 오직 예수 그리스도뿐이십니다(5-7절).

예수 그리스도는 유대 지파의 사자, 다윗의 뿌리이시며 이기는 자, 승리자이십니다. 그런데 그 예수님이 죽임당한 어린 양의 모습으로 나타나십니다. 하나님과 동등하시면서도 우리에게 비밀의 책, 성경을 열어 주시기 위해서 자신을 희생제물로 드리신 것입니다. 이렇듯 구원을 위해 희생하는 사람은 인생의 종말을 알기에 두려워하지 않습니다. 나의 연약함과 죄를 보며 자기 십자가를 지고 나아갈 때 나뿐만 아니라 다른 사람까지 구원으로 이끄는 역사가 일어날 줄 믿습니다.

봉인 해제의 선물, 솔직함

김미희

본문 요약

요한은 보좌에 앉으신 이의 오른손에 있는 두루마리의 일곱 인을 뗄 자가 보이지 않아 크게 웁니다. 장로 중 한 사람이 유대 지파의 사자, 다윗의 뿌리가 그 두루마리와 그 인을 뗄 것이라고 합니다. 그리고 일곱 뿔과 일곱 눈이 있는 한 어린 양이 그 두루마리를 취합니다.

질문하기

1. 왜 두루마리가 일곱 인으로 봉하여졌을까? (1절)

2. 왜 다윗의 뿌리가 이겼으니 그 두루마리와 그 일곱 인을 떼시리라고 하셨을까? (5절)

묵상하기

1. 왜 두루마리가 일곱 인으로 봉하여졌을까? (1절)

두루마리는 예수님만이 우리의 구원자이심을 증거하는 성경책을 의미합니다. 이 책이 일곱 인으로 봉해져 있다는 것은 하나님이 열어 주시기 전에는 누구도 그 내용을 알 수 없음을 상징합니다. 그리스도 안에 거하는 자만이 각자 믿음의 분량만큼 깨닫습니다. 어떤 사건에서도 하나님의 부르심을 깨닫지 못하면 결국 망할 수밖에 없습니다.

아버지는 철저한 완벽주의자로 한 직장을 60년간 다니셨습니다. 기질이 약하고 소심한 저는 그런 아버지의 강박적인 성실함과 책임감에 눌려 늘 주눅 들어 있었고, 살얼음판 위를 걷는 듯한 불안과 우울에 시달렸습니다. 그러나 무서운 아버지 앞에서는 그런 마음을 전혀 내색하지 못했습니다. 내 속의 이런 허무함, 불안, 우울이 하나님의 부르심인 줄도 몰랐습니다(1절).

저는 수동적이고 무기력했지만, 결혼하고 낳은 두 아이는 저와 달리 자신감 있게 키우고 싶었습니다. 그래서 둘째 아이가 중학생이 되자 미국 유학의 발판이 되어 줄 거라 기대하며 기독교 대안학교에 입학시키고, 그 일을 계기로 저도 교회에 다니게 되었습니다. "인생의 목적은 행복이 아니라 거룩이다", "문제아는 없고 문제 부모만 있다"는 설교 말씀은 제게 큰 위로가 되었습니다. 그렇게 마음이 열려 교회 공동체에 속해서 신앙생활을 했습니다.

그러던 중, 일시적으로 목장 모임을 우리 집에서 매주 섬기게 되었습니다. 그런데 매주 밥을 한 지 3개월 만에 몸무게가 7킬로그램이 빠지는 재앙이 임했습니다. 가정주부가 음식을 잘 못한다는 자괴감에 괴롭고 창피한 마음이 있었기 때문입니다. 이 사건을 통해 공동체 식구들을 잘 대접하고 싶었던 마음의 뿌리에는 잘한다는 칭찬을 듣고 싶은 자기 우상과 교만이 있음을 깨달았습니다. 그리고 이런 나를 위해 예수님이 십자가에서 죽어 주셨다는 사실이 믿어지며 비로소 일곱 인이 봉인 해제되어 말씀이 들리는 평안과 위로가 임했습니다(5절).

2. 왜 다윗의 뿌리가 이겼으니 그 두루마리와 그 일곱 인을 떼시리라고 하셨을까? (5절)

오직 예수 그리스도만이 비밀의 책을 여실 수 있습니다. 일찍이 죽임당하셨으나 부활하여 승천하신 주님은 죽었으나 살아 계신 분입니다. 이것을 믿는 자에게 성경이 열립니다.

저는 사람의 시선과 판단에 자유롭지 않아 솔직하지 못합니다. 그래도 '밥 사건'으로 예수님을 만났기에, 공동체의 진솔함이 좋아 붙어만 있었습니다. 말씀이 잘 깨달아지지 않아도 양육받고 매일 큐티하며 왔더니 지체들의 나눔 속에서 제 모습이 깨달아지는 신비한 체험을 했습니다.

이렇게 은혜를 경험했음에도, '안정된 노후 자금을 마련하는 문제까지 공동체에 나눠야 하나?'라는 생각이 있었습니다. 그래서 공동체에 묻지 않고 조용히 아파트 갭투자를 했습니다. 그런데 부동산 정책에 딱 걸려 팔 수도 없고 꼼짝없이 갇히는 두 번째 재앙이 임했습니다. 망할 것 같은 두려움에 자책과 남 탓을 반복하며 원망만 커졌습니다. 그때 주일설교에서

'남풍이 순하게 불매 뜻을 이룬 줄 알고 항해하더니 유라굴로 광풍이 크게 일어나 구원의 여망마저 없어졌다'(행 27:9-20)는 말씀을 들었습니다. 그제야 이 사건이 '조금 더'의 탐욕을 부린 내 삶의 결론임이 깨달아졌고, 망해도 할 말 없는 100% 죄인임이 인정되어 회개하게 되었습니다(5절).

혼돈하고 공허하며 흑암 가운데 있던(창 1:2) 제 인생에 두루마리를 취하시고 인을 떼신 예수님이 이제는 연로하신 부모님의 영혼 구원을 향한 간절한 마음을 주십니다(7절). 평생 예수님 없이 화평하게 살아오신 부모님은 쇠약해진 몸과 생색과 섭섭함 때문에 현재 우울하고 힘든 시기를 보내고 계십니다. 때와 시기는 하나님의 권한임을 기억하며 낙심하지 않고, 부모님께 구원하실 분은 오직 예수님뿐임을 전하겠습니다. 저를 살려 주신 주님께서 부모님도 구원해 주실 것을 믿습니다.

적용하기

• 기록하는 큐티로 죄를 직면하고 그것을 공동체에서 가감 없이 나누겠습니다.
• 주 1회 부모님 댁을 방문하여 성령의 도우심을 구하며 기쁘게 섬기겠습니다.

기도하기

주님, 무서운 아버지가 재앙인 줄 알았는데 하나님께 나아가게 하는 축복의 통로임을 알게 해 주셔서 감사합니다. 혼돈과 공허 속에 있던 제 인생에 빛이신 예수 그리스도께서 비밀의 책을 열어 주신 은혜에 감사드립니다. 기쁨으로 전도의 사명을 감당하게 하시고, 부모님께도 구원의 은혜를 허락해 주옵소서.

- 『**위기! 입니다**』(김양재, QTM)를 읽고, 독후감을 작성해 봅시다.

살아내기 Keeping 한 주의 실천 과제와 매일 큐티

- **생활 숙제** 인생의 중요한 고비마다 나를 회개하게 하고 살린 말씀은 무엇이었는지 사건 중심으로 두세 가지 나눠 봅시다.
- **매일 큐티** 매일 큐티를 통해 나 자신과 가정, 공동체를 어떻게 지키고자 했는지 돌아봅시다.

성구 암송과 교리 요약

성경을 이루기 위한 삶

내 안에 뚫고 들어온 말씀

12 하나님의 말씀은 살아 있고 활력이 있어 좌우에 날선 어떤 검보다도 예리하여 혼과 영과 및 관절과 골수를 찔러 쪼개기까지 하며 또 마음의 생각과 뜻을 판단하나니

히브리서 4:12

하나님께서는 예수 그리스도 안에 있는 구원의 목적을 성취하시기 위해 성령의 감동으로 쓰여진 성경을 통해 우리에게 말씀하십니다. 그 말씀은 우리의 육체와 영혼, 마음속 생각과 의도까지 헤아리는 능력이 있습니다.

성경을 이루기 위한 삶

5 장로 중의 한 사람이 내게 말하되 울지 말라 유대 지파의 사자 다윗의 뿌리가 이겼으니 그 두루마리와 그 일곱 인을 떼시리라 하더라 요한계시록 5:5

성경은 오직 예수 그리스도만이 구세주이심을 증거합니다. 우리는 성경을 통해 그리스도가 하나님의 완전한 계시이며, 나의 구원을 위해 성육신하신 것을 믿게 됩니다.

우리도 성경이 안 깨달아져서 울어야 하고,
성경을 깨달은 후에는 내 식구가 못 깨닫는 것 때문에 울어야 합니다.
심판의 소식을 전하려면 우는 것밖에는 길이 없습니다.

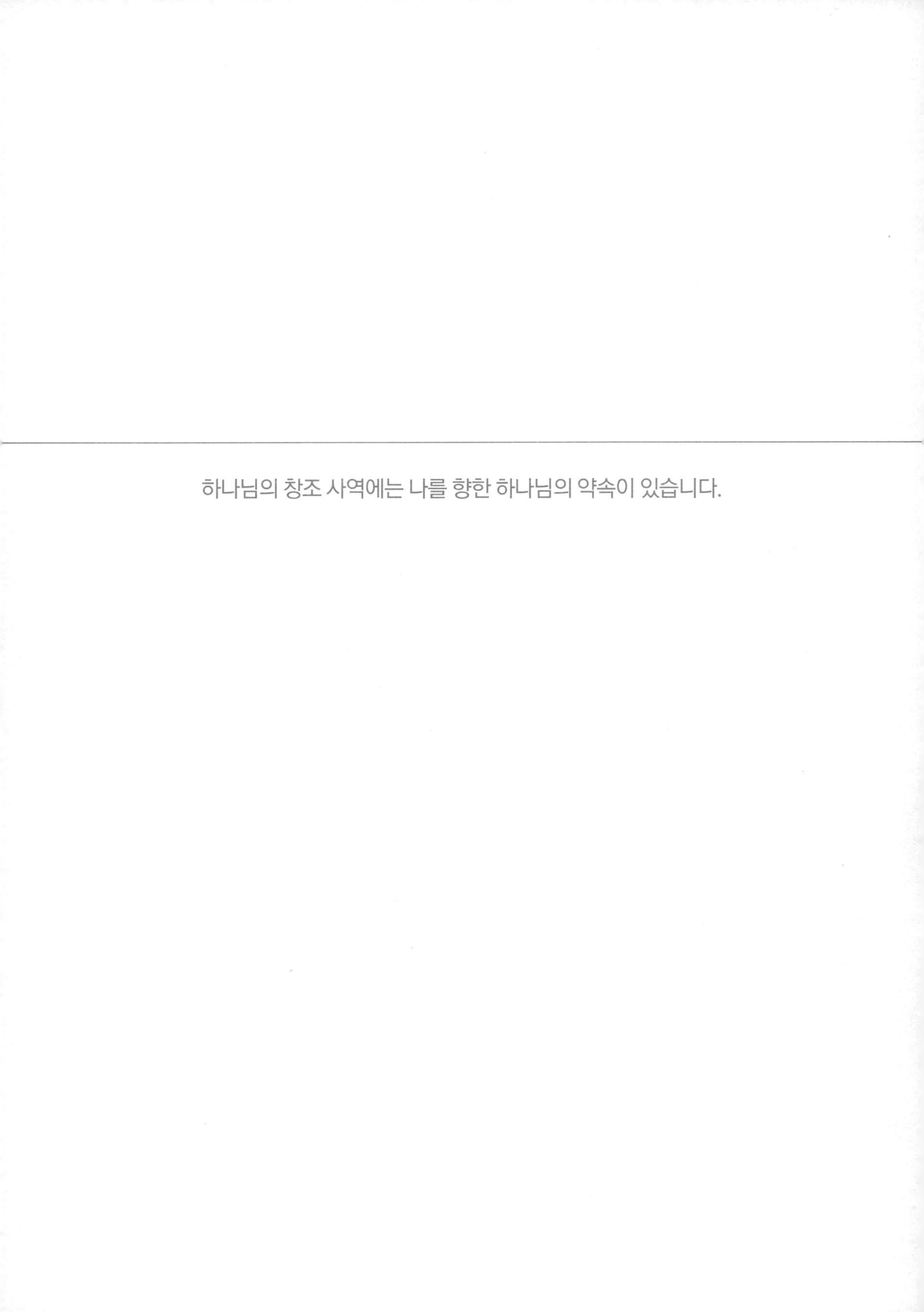

하나님의 창조 사역에는 나를 향한 하나님의 약속이 있습니다.

02

삼위일체 하나님

나를 도우시는 창조 사역

창세기 1:1-2

삼위일체 하나님

나를 도우시는 창조 사역 창세기 1:1-2

마음 열기 Telling 마음을 열고 생각을 나누는 시간

- 살면서 누군가에게 큰 도움을 받은 경험이 있습니까?
- 주일/수요 설교를 듣고 느낀 점을 나눠 봅시다.

말씀 읽기 Holifying 깊은 묵상을 위한 질문과 답

1. 삼위일체 하나님의 의논 (창세기 1:26)

26 하나님이 이르시되 우리의 형상을 따라 우리의 모양대로 우리가 사람을 만들고 그들로 바다의 물고기와 하늘의 새와 가축과 온 땅과 땅에 기는 모든 것을 다스리게 하자 하시고

- 하나님은 사람을 어떻게 지으셨습니까? (26절)

____

____

____

2. 삼위일체 하나님이 한자리에 (마태복음 3:16-17)

16 예수께서 세례를 받으시고 곧 물에서 올라오실새 하늘이 열리고 하나님의 성령이 비둘기 같이 내려 자기 위에 임하심을 보시더니 17 하늘로부터 소리가 있어 말씀하시되 이는 내 사랑하는 아들이요 내 기뻐하는 자라 하시니라

1) 성령이 예수님에게 어떻게 임합니까? 내 삶에도 성령이 임하고 있습니까? (16절)

____

____

____

2) 성령이 임한 증거가 있습니까? (17절)

____

____

____

3. 요한계시록에 나타난 삼위일체 하나님 (요한계시록 1:4-6)

4 요한은 아시아에 있는 일곱 교회에 편지하노니 이제도 계시고 전에도 계셨고 장차 오실 이와 그의 보좌 앞에 있는 일곱 영과 5 또 충성된 증인으로 죽은 자들 가운데에서 먼저 나시고 땅의 임금들의 머리가 되신 예수 그리스도로 말미암아 은혜와 평강이 너희에게 있기를 원하노라 우리를 사랑하사 그의 피로 우리 죄에서 우리를 해방하시고 6 그의 아버지 하나님을 위하여 우리를 나라와 제사장으로 삼으신 그에게 영광과 능력이 세세토록 있기를 원하노라 아멘

1) '이제도 계시고 전에도 계셨고 장차 오실 이'는 누구를 말합니까? (4절)

____

____

____

2) 일곱 영의 성령님이 우리를 어떻게 도우십니까? (4절)

____

____

____

3) 충성된 증인이 되려면 어떻게 해야 합니까? (5-6절)

____

____

____

____

4. 예수 그리스도의 신성 (요한복음 1:1-2, 14, 18)

1 태초에 말씀이 계시니라 이 말씀이 하나님과 함께 계셨으니 이 말씀은 곧 하나님이시니라 2 그가 태초에 하나님과 함께 계셨고 …… 14 말씀이 육신이 되어 우리 가운데 거하시매 우리가 그의 영광을 보니 아버지의 독생자의 영광이요 은혜와 진리가 충만하더라 …… 18 본래 하나님을 본 사람이 없으되 아버지 품 속에 있는 독생하신 하나님이 나타내셨느니라

1) 태초에 말씀이 계셨다는 것은 무슨 뜻입니까? (1절)

2) 하나님 품속에 있다는 것은 어떤 의미입니까? (14절, 18절)

5. 구원을 위한 삼위일체 하나님의 사역 (에베소서 1:3-14)

3 찬송하리로다 하나님 곧 우리 주 예수 그리스도의 아버지께서 그리스도 안에서 하늘에

속한 모든 신령한 복을 우리에게 주시되 4 곧 창세 전에 그리스도 안에서 우리를 택하사 우리로 사랑 안에서 그 앞에 거룩하고 흠이 없게 하시려고 5 그 기쁘신 뜻대로 우리를 예정하사 예수 그리스도로 말미암아 자기의 아들들이 되게 하셨으니 6 이는 그가 사랑하시는 자 안에서 우리에게 거저 주시는 바 그의 은혜의 영광을 찬송하게 하려는 것이라 7 우리는 그리스도 안에서 그의 은혜의 풍성함을 따라 그의 피로 말미암아 속량 곧 죄 사함을 받았느니라 8 이는 그가 모든 지혜와 총명을 우리에게 넘치게 하사 9 그 뜻의 비밀을 우리에게 알리신 것이요 그의 기뻐하심을 따라 그리스도 안에서 때가 찬 경륜을 위하여 예정하신 것이니 10 하늘에 있는 것이나 땅에 있는 것이 다 그리스도 안에서 통일되게 하려 하심이라 11 모든 일을 그의 뜻의 결정대로 일하시는 이의 계획을 따라 우리가 예정을 입어 그 안에서 기업이 되었으니 12 이는 우리가 그리스도 안에서 전부터 바라던 그의 영광의 찬송이 되게 하려 하심이라 13 그 안에서 너희도 진리의 말씀 곧 너희의 구원의 복음을 듣고 그 안에서 또한 믿어 약속의 성령으로 인치심을 받았으니 14 이는 우리 기업의 보증이 되사 그 얻으신 것을 속량하시고 그의 영광을 찬송하게 하려 하심이라

1) '찬송하리로다'의 근거는 무엇입니까? (3절)

____

____

2) 하나님께서 우리를 택하신 시기는 언제이고, 그 이유는 무엇입니까? (4절)

____

____

____

3) 하나님의 값없는 은혜를 알고 있습니까? (5-6절)

____

____

____

4) 그리스도 안에서 은혜의 풍성함을 누리는 비결은 무엇입니까? (7절)

____

____

____

5) 지혜와 총명이 넘치는 비결은 무엇입니까? (8절)

____

____

____

6) 숨겨진 하나님의 뜻은 무엇입니까? (9절)

____

____

____

____

7) 그리스도 안에서 통일이 된다는 것은 무슨 뜻입니까? (10절)

____

____

____

____

8) 하나님이 보증이 되시는 증거는 무엇입니까? (13-14절)

____

____

____

____

1 태초에 하나님이 천지를 창조하시니라 2 땅이 혼돈하고 공허하며 흑암이 깊음 위에 있고
하나님의 영은 수면 위에 운행하시니라

1. 성부 하나님의 뜻은 숨겨져 있습니다(1절).

'태초'는 하나님이 창조하신 시간의 출발점입니다. 영원 전부터 거하시던 하나님이 어떤 도움도 없이 천지를 창조하셨습니다. 히브리어 성경으로 1절 말씀을 보면 육하원칙 중에 "왜"와 "어디서"가 빠져 있습니다. 천지창조가 너무나 위대한 사역이기에 하나님의 뜻이 숨겨져 있습니다. "왜"는 성경을 쓴 이유이니 창세기를 읽으면 알게 될 것이고, "어디서"는 무에서 유를 창조하셨기에 쓰실 필요가 없습니다. 성부 하나님의 뜻이 숨겨져 있지만(hidden will of God), 피조물인 우리는 창조주 하나님 앞에서 겸손하게 하나님을 인정하고 믿어야 합니다. 내가 하나님께서 창세 전부터 택하신(엡 1:4) 대단한 존재임을 믿고 도우심을 구할 때, 성경이 열려 내 삶을 해석받을 수 있습니다. 말씀의 능력으로 완전히 새로운 창조가 내 삶에 이뤄지게 됩니다.

2. 성자 하나님이 숨겨진 하나님의 뜻을 나타내십니다(2절).

성자 예수님이 이 땅의 시간과 공간, 관계와 질서 속에 들어오심으로 하나님의 뜻이 나타나고(revealed will of God) 우리가 구원을 얻었습니다. 광대하고 크신 창조주 예수님이 여인의 자궁 속으로 오신 것은 상상할 수 없는 낮아짐입니다. 지금 나의 자리가 아무리 분하고 기가 막혀도, 그 자리를 지키며 관계와 질서에 순종하면 내 인생을 통해서도 구원의 역사가 일어날 것입니다. 수많은 별이 하나님이 정하신 질서를 지키며 영롱하게 빛나듯이, 가정과 학교와 직장의 질서에 순종함으로 각자의 자리를 잘 지킬 때 영롱하게 빛나는 인생이 됩니다.

3. 성령 하나님이 효과적으로 도우십니다(2절).

성자 예수님을 믿은 후에도 우리는 날마다 영적·정신적·육적으로 혼돈과 공허와 흑암과 싸웁니다. 하지만 그 과정 가운데서도 하나님의 뜻이 나타나기 위해 하나님의 신, 곧 성령께서 효과적으로 도우십니다(effective power of God).

하나님의 창조 사역에는 나를 향한 하나님의 약속이 있습니다. 성령의 운행하심이 그 약속을 알게 하고 나를 이끌어 가십니다. 그러므로 혼돈과 흑암 중에 있던 내 삶이 새로운 형태와 질서로 자리 잡아 갑니다. 하나님이 단번에 천지를 창조하지 않으시고 6일간 지으신 것처럼, 나를 더욱 완전하게 하시려고 성령 하나님은 지금도 나를 도우시며 구원의 길로 인도하십니다. 삼위일체 하나님이 천지를 창조하고 시작하셨기에 모든 것은 하나님이 끝내셔야 끝이 납니다. 나 역시 그러함을 믿고, 어떤 혼돈과 흑암의 환경에서도 하나님의 약속을 굳게 붙잡는다면 영원한 생명을 얻게 됩니다. 내 인생을 통해서도 창조 사역이 이루어지는 것입니다.

창세기 1:1-2

하나님의 형상대로 지은 나

정인식

본문 요약

태초에 하나님이 천지를 창조하셨습니다. 땅이 혼돈하고 공허하며 흑암이 깊음 위에 있고, 하나님의 영은 수면 위에 운행하십니다.

질문하기

1. 왜 땅은 혼돈하고 공허하며 흑암이 깊음 위에 있었을까? (2절)

2. 왜 하나님의 영은 수면 위에 운행하셨을까? (2절)

묵상하기

1. 왜 땅은 혼돈하고 공허하며 흑암이 깊음 위에 있었을까? (2절)

하나님이 천지를 창조하셨습니다. 그러나 하나님의 뜻은 감춰져 있기에 땅은 형체도 쓸모도 없는 텅 빈 상태였고, 캄캄한 흑암뿐이었습니다. 성자 예수님이 우리를 향한 성부 하나님의 뜻을 나타내 주지 않으신다면 우리 인생도 혼돈과 공허와 흑암 중에 있을 수밖에 없습니다. 우리 인생에 십자가의 성자 예수님이 오셔야만 감춰진 뜻을 풀 수 있습니다.

미숙아로 태어난 큰아들은 발달장애인입니다. 아내는 아들 고난으로 하나님을 만난 후 교회에서 온갖 봉사를 했습니다. 그러나 저는 그것이 비효율적으로 보여 기독교를 집단이기주의라고 비판했습니다. "하나님이 무슨 세상을 창조했냐"(1절)라며 혈기를 부렸습니다. 그럼에도 두 아들이 "아빠, 예수 안 믿으면 지옥 간다"고 울며 매달리니 가끔은 교회에 나갔습니다.

저는 외국계 회사에서 영업을 담당했는데 의외로 실적이 좋아서 술 접대하는 일이 많았습니다. 소심한 성격에 큰 권한이 부여되니 분별없이 룸살롱을 내 집 드나들듯 했습니다. 그러다 한 여자의 타깃이 되어 외도에 빠졌고 두 집 살림까지 했습니다. 아내에겐 큰아들을 위해 돈을 많이 벌어준다는 핑계로 투잡을 한다고 속였습니다. 불륜녀는 큰돈을 받고도 제게 이혼하고 함께 살자고 했습니다. 저는 관계를 끊어야겠다고 생각해 그녀에게 이별 여행을 가자고 종용했습니다.

그런데 외박과 출장이 잦은 저를 의심하던 아내가 신용카드를 추적하여 결국 저와 그녀는 공항에서 잡혔습니다. 육신의 정욕을 이기지 못한 결론은 날마다 전쟁이었습니다. 배신감에 힘들어하는 아내에게 "당신이 밤낮 교회 봉사만 하니 외로워서 바람을 피웠다. 못 먹는 술로 영업하려니 힘들었다"며 혈기를 부렸습니다. 말씀이 없어 죄의식도 없고, 그야말로 제 삶은 혼돈과 공허, 흑암 그 자체였습니다(2절).

2. 왜 하나님의 영은 수면 위에 운행하셨을까? (2절)

어떤 희망도 보이지 않는 혼돈하고 깜깜한 우리 삶에 성령 하나님이 운행하십니다. 때마다 효과적인 진리의 말씀으로 관계와 질서에 순종하며 적용할 수 있도록 도와주십니다. 허락하신 모든 사건을 통해 우리를 향한 하나님의 뜻인 구원과 거룩을 창조하십니다.

어느 날 아내가 '양육으로 사람을 변화시킨다'는 공동체의 소문을 듣고 함께 가자고 했습니다. 아내의 강권으로 끌려온 그날, 저는 "삼위 하나님이 의논하시어 하나님의 형상대로 나를 지으셨다"(창 1:26)는 말씀이 들려 흐르는 눈물을 주체할 수 없었습니다. 그렇게도 믿어지지 않던 창조 사역이 깨달아졌고, 하나님이 천지를 창조하시기도 전에 나를 택하셨다는 사실이 믿어졌습니다(엡 1:4). 바람을 피우고도 죄인 줄 모르고 합리화하는 저를 위해 삼위 하나님이 의논까지 하셨다니, 바람 사건은 결코 우연이 아닌 저의 구원을 위해 창조하신 일이었습니다.

성령 하나님께서도 효과적으로 우리 가정을 도와주셨습니다. 꽃뱀에게 물리고도 "짜릿한 사랑을 했다"는 저를 무시하며 조롱하던 아내의 옳고 그름이 공동체의 양육으로 무너진 것입니다. 아내는 "내가 얼마나 완악했으면 여자에게 가장 수치인 남편의 바람 사건을 주셨겠냐?"라며 회개했습니다.

하지만 우리 부부가 목자로 세워졌을 때, 울 기력이 없도록 울 사건이 왔습니다(삼상 30:4). 교회 행사에 참석한 아내가 닭싸움을 하다가 넘어져 병원에 갔는데, 3기 암이 발견된 것입니다. 아내는 오히려 "지금 죽어도 천국 간다"며 평강을 누렸지만, 저는 아내의 작은 콩팥에 10센티미터나 되는 암이 자란 세월이 제가 바람피운 세월과 같다고 여겨졌습니다. 그래서 죽을병에 걸린 히스기야처럼(왕하 20:1-3) 아내의 생명을 연장시켜 달라고 회개하며 울 기력이 없도록 울었습니다.

장애가 있는 큰아들의 감정 폭발과 세상 성공에 목말라 공동체에 뿌리를 못 내리는 작은아들 부부로 인해 때로는 절망합니다. 암에 걸린 아내와 비만한 큰아들을 돌보는 환경이 힘들기도 합니다. 하지만 성령님의 효과적인 도움으로 텅 빈 제 머릿속을 말씀으로 채워 주시니, 다윗처럼 침상을 적시는 눈물의 회개를 하며 고난을 약재료 삼아 공동체에 고백하며 가고 있습니다. 저를 창조하시고 지으신 분이 이 모든 것을 보고 계시지 않겠습니까? 알파와 오메가가 되신 하나님이 시작하셨으니 하나님이 끝내 주실 줄 믿습니다.

적용하기

- 내 죄를 보고 회개하며 작은아들 부부의 구원을 위해 힘쓰겠습니다.
- 큰아들이 발달장애인 훈련센터에 등하교할 때 동행하겠습니다.

기도하기

하나님 아버지, 하나님이 천지를 창조하신 것을 믿지 않고 허무맹랑한 소리라고 비판만 하다 죽을 인생이었습니다. 바람을 피우고도 죄인 줄 모르고 혼돈과 공허, 흑암이 깊음 위에 있던 제게 '삼위 하나님이 의논하시어 하나님의 형상대로 저를 만드셨다'는 말씀을 들려주시고 내 죄를 보게 하시니 감사합니다. 성령 하나님의 효과적인 도움으로 우연이 아닌 창조로 저를 구원해 주심에 감사드립니다. 하나님의 창조를 믿지 못하는 자들에게 간증하며 살도록 인도하여 주시옵소서.

 **돌아보기** Nursing 주제 도서 읽고 나누기

- 『문제아는 없고 문제 부모만 있습니다』(김양재,QTM)를 읽고, 독후감을 작성해 봅시다.

 **살아내기** Keeping 한 주의 실천 과제와 매일 큐티

- **생활 숙제** 내가 순종해야 할 관계와 질서의 자리는 어디이고, 그 자리에서 어떤 역할을 감당해야 하는지 말해 봅시다(가정, 직장, 교회 등). 그리고 어떻게 효과적인 성령님의 도우심을 경험했는지 나눠 봅시다.
- **매일 큐티** 매일 큐티를 통해 나 자신과 가정, 공동체를 어떻게 지키고자 했는지 돌아봅시다.

성구 암송과 교리 요약

영원하신 하나님

1 태초에 말씀이 계시니라 이 말씀이 하나님과 함께 계셨으니 이 말씀은 곧 하나님이시니라 2 그가 태초에 하나님과 함께 계셨고 요한복음 1:1-2

말씀이신 예수 그리스도는 창세전부터 성부 하나님과 함께 계시면서 만물의 창조에 참여하신, 영원하신 하나님입니다.

삼위일체 하나님

1 태초에 하나님이 천지를 창조하시니라 2 땅이 혼돈하고 공허하며 흑암이 깊음 위에 있고 하나님의 영은 수면 위에 운행하시니라 창세기 1:1-2

유일하신 하나님은 성부, 성자, 성령이신 삼위일체이시며, 본질상 한 분입니다. 만물의 창조에 성부 하나님의 뜻이 숨겨져 있으며, 성자 하나님이 시간과 공간, 관계와 질서 속에 들어오심으로 하나님의 뜻이 드러나고, 성령 하나님이 효과적으로 나를 도우십니다.

인간은 죄를 스스로 다스릴 수 없습니다.

오직 '여호와로 말미암아' 죄를 다스릴 수 있습니다.

03

인간의 타락과 그 결과

죄를 다스릴지니라

창세기 4:1-7

인간의 타락과 그 결과

죄를 다스릴지니라 창세기 4:1-7

마음 열기 Telling 마음을 열고 생각을 나누는 시간

- 나는 어떤 일에 분노하고 안색이 변합니까?
- 주일/수요 설교를 듣고 느낀 점을 나눠 봅시다.

말씀 읽기 Holifying 깊은 묵상을 위한 질문과 답

1. 인간의 타락 (창세기 3:1-8)

1 그런데 뱀은 여호와 하나님이 지으신 들짐승 중에 가장 간교하니라 뱀이 여자에게 물어 이르되 하나님이 참으로 너희에게 동산 모든 나무의 열매를 먹지 말라 하시더냐 2 여자가 뱀에게 말하되 동산 나무의 열매를 우리가 먹을 수 있으나 3 동산 중앙에 있는 나무의 열매는 하나님의 말씀에 너희는 먹지도 말고 만지지도 말라 너희가 죽을까 하노라 하셨느니라 4 뱀이 여자에게 이르되 너희가 결코 죽지 아니하리라 5 너희가 그것을 먹는 날에는 너희 눈이 밝아져 하나님과 같이 되어 선악을 알 줄 하나님이 아심이니라 6 여자가 그 나무를 본즉 먹음직도 하고 보암직도 하고 지혜롭게 할 만큼 탐스럽기도 한 나무인지라 여자가 그 열매를 따먹고 자기와 함께 있는 남편에게도 주매 그도 먹은지라 7 이에 그들의 눈이 밝아져 자기들이 벗은 줄을 알고 무화과나무 잎을 엮어 치마로 삼았더라 8 그들이 그 날 바람이 불 때 동산에 거니시는 여호와 하나님의 소리를 듣고 아담과 그의 아내가 여호와 하나님의 낯을 피하여 동산 나무 사이에 숨은지라

1) 사탄은 어떤 모습으로 유혹하고, 하나님의 말씀을 훼방합니까? (1절)

____

____

____

____

2) 여자는 어떻게 하나님의 말씀을 가감합니까? (2-3절)

____

____

____

____

3) 사탄이 하나님의 말씀에 대해 어떻게 말합니까? (4-5절)

____

____

____

4) 타락의 선택은 결국 누가 한 것입니까? (6절)

____

____

____

5) 그들이 눈이 밝아져 어떤 감정을 느꼈습니까? 그리고 어떻게 했습니까? (7절)

____

____

____

6) 동산 나무 사이에 숨어 있을 때, 누가 찾아왔습니까? (8절)

____

____

____

14 여호와 하나님이 뱀에게 이르시되 네가 이렇게 하였으니 네가 모든 가축과 들의 모든 짐승보다 더욱 저주를 받아 배로 다니고 살아 있는 동안 흙을 먹을지니라 15 내가 너로 여자와 원수가 되게 하고 네 후손도 여자의 후손과 원수가 되게 하리니 여자의 후손은 네 머리를 상하게 할 것이요 너는 그의 발꿈치를 상하게 할 것이니라 하시고 16 또 여자에게 이르시되 내가 네게 임신하는 고통을 크게 더하리니 네가 수고하고 자식을 낳을 것이며 너는 남편을 원하고 남편은 너를 다스릴 것이니라 하시고 17 아담에게 이르시되 네가 네 아내의 말을 듣고 내가 네게 먹지 말라 한 나무의 열매를 먹었은즉 땅은 너로 말미암아 저주를 받고 너는 네 평생에 수고하여야 그 소산을 먹으리라 18 땅이 네게 가시덤불과 엉겅퀴를 낼 것이라 네가 먹을 것은 밭의 채소인즉 19 네가 흙으로 돌아갈 때까지 얼굴에 땀을 흘려야 먹을 것을 먹으리니 네가 그것에서 취함을 입었음이라 너는 흙이니 흙으로 돌아갈 것이니라 하시니라 20 아담이 그의 아내의 이름을 하와라 불렀으니 그는 모든 산 자의 어머니가 됨이더라 21 여호와 하나님이 아담과 그의 아내를 위하여 가죽옷을 지어 입히시니라 22 여호와 하나님이 이르시되 보라 이 사람이 선악을 아는 일에 우리 중 하나 같이 되었으니 그가 그의 손을 들어 생명 나무 열매도 따먹고 영생할까 하노라 하시고 23 여호와 하나님이 에덴 동산에서 그를 내보내어 그의 근원이 된 땅을 갈게 하시니라 24 이같이 하나님이 그 사람을 쫓아내시고 에덴 동산 동쪽에 그룹들과 두루 도는 불 칼을 두어 생명 나무의 길을 지키게 하시니라

1) 하나님은 인간을 타락하게 한 뱀에게 어떤 벌을 내리십니까? (14절)

____

____

____

2) 하나님이 선악과를 먹은 우리에게 벌을 내리기 전에 주신 대안은 무엇입니까? (15절)

____

____

____

3) 하나님이 여자에게 내리신 축복의 벌은 무엇입니까? (16절)

____

____

____

4) 남자에게는 어떤 축복의 벌을 주십니까? (17-19절)

____

____

____

____

⌘ 노동의 형벌로 힘들어하고 있습니까? 고통 속에서 하나님의 뜻을 깨닫고 형벌이 축
  복이 되는 경험을 하고 있습니까?

5) 인간에게 벌을 주신 목적은 무엇입니까? (20-24절)

____

____

____

____

⌘ 무화과나무 잎으로 가릴 수 없는 내 죄와 수치를 하나님이 가죽옷으로 덮어 주신 간
  증이 있습니까? 죄와 고난도 영적 자녀를 낳기 위한 것임을 알고 전도와 양육에 힘
  쓰고 있습니까? 내 힘과 지식으로 생명나무를 해하려는 죄는 없습니까?

1 아담이 그의 아내 하와와 동침하매 하와가 임신하여 가인을 낳고 이르되 내가 여호와로 말미암아 득남하였다 하니라 2 그가 또 가인의 아우 아벨을 낳았는데 아벨은 양 치는 자였고 가인은 농사하는 자였더라 3 세월이 지난 후에 가인은 땅의 소산으로 제물을 삼아 여호와께 드렸고 4 아벨은 자기도 양의 첫 새끼와 그 기름으로 드렸더니 여호와께서 아벨과 그의 제물은 받으셨으나 5 가인과 그의 제물은 받지 아니하신지라 가인이 몹시 분하여 안색이 변하니 6 여호와께서 가인에게 이르시되 네가 분하여 함은 어찌 됨이며 안색이 변함은 어찌 됨이냐 7 네가 선을 행하면 어찌 낯을 들지 못하겠느냐 선을 행하지 아니하면 죄가 문에 엎드려 있느니라 죄가 너를 원하나 너는 죄를 다스릴지니라

1. 인간의 힘으로는 죄를 다스릴 수 없습니다(1-2절).

아담과 하와가 동침하여 아들을 낳고 그 이름을 '가인'이라 합니다. '가인'은 '획득하다, 얻다, 세우다'라는 뜻입니다. 그만큼 아담과 하와가 기뻐했습니다. 특별히 하와는 "여호와로 말미암아 득남하였다"라고 고백합니다. '여호와로 말미암아'는 '여호와의 도움으로'라는 의미입니다. 그녀는 잉태와 해산의 고통을 겪으며 '나를 돕고 내 고통을 다스리실 분은 오직 하나님뿐'임을 깨달았습니다. 그런데 둘째 아들을 낳고는 '아벨'이라 이름합니다. '아벨'은 '허무, 공허'라는 뜻입니다. 하나님의 도우심으로 가인을 얻었지만, 그 아들을 키우며 힘든 일을 많이 겪으니 기쁜 마음이 오래가지 않았던 모양입니다. 여전히 바뀌지 않은 현실에서 수고만 하다 보니 인생이 허무하고 공허하게 느껴진 것입니다. 더구나 훗날 아담과 하와는 자녀 교육에도 실패합니다. 부모로서 예배와 경건의 본을 보이지 못했기에 두 아들은 결국 원수가 됩니다. 이렇듯 인간은 죄를 스스로 다스릴 수 없습니다. 오직 '여호와로 말미암아' 죄를 다스릴 수 있습니다. 그러므로 기쁨의 때일수록 예배에 집중해야 합니다. 날마다 여호와 하나님의 말씀을 보며 나의 근본적인 죄성을 보고 회개해야 합니다.

2. 하나님께서 받으시는 예배를 드릴 때 죄를 다스릴 수 있습니다(3-4절).

3절에 '세월이 지난 후'는 심판의 때가 가까워졌다는 뜻입니다. 우리의 예배가 하나님께 열납되었는지 아닌지는 시간이 지나면 드러납니다. 가인은 자기 수고로 얻은 땅의 소산 일부를 하나님께 제물로 드렸고, 아벨은 양의 첫 새끼와 그 기름을 드렸습니다. 하나님은 아벨과 그의 제물은 받으셨지만, 가인과 그의 제물은 받지 않으셨습니다. 하나님께서 농산물보다 양을 좋아하셔서가 아닙니다. 가인의 제물에는 성령의 열매, 회개의 열매가 없었습니다. 단지 많은 것 중 일부에 불과했습니다. 가인이 형식적인 예배를 드린 것입니다. 반면에 아벨은 자신이 드릴 수 있는 최선의 것을 드렸습니다. 회개와 십자가 적용의 피 흘림이 있는 예배를 드렸기에 하나님께서 기쁘게 받으신 것입니다. 여기서 '받으셨다'라는 말은 '돕기 위해 둘러 보셨다'라는 의미를 담고 있습니다. 부족한 중에도 내 죄에 대해 아파하며 회개하는 마음으로 최선의 것을 드리고자 할 때, 하나님께서 우리를 돌아보시고 도우십니다.

3. 분노를 다스려야 죄를 다스릴 수 있습니다(5-7절).

가인은 자신의 수고가 인정받지 못했다는 생각에 안색이 변할 정도로 분노합니다. 이처럼 잘못된 예배는 결국 분노로 이어집니다. 그런데 하나님은 그런 가인을 향해 "죄를 다스릴지니라" 말씀하십니다. "아벨을 미워하지 말고 아벨의 모습을 통해 너의 죄를 보고 돌이키라" 하시는 것입니다. 하나님은 우리 마음에 '죄의 소원'이 있음을 아십니다. 탐심으로 인한 불신결혼의 소원, 이혼의 소원이 있음을 아시고, 그 죄를 다스리라고 하십니다. 단지 벌을 받는 것만으로 우리는 죄를 다스릴 수 없습니다. 무엇보다 적극적으로 선을 행해야 합니다. 아벨처럼 내가 부끄러운 죄인임을 고백하며 회개의 예배를 드려야 합니다. 날마다 말씀으로 교훈과 책망을 받으며 십자가를 길로 놓고 가는 것이 선행이고, 하나님께서 받으시는 최고의 예배입니다.

아벨의 예배를 드리기까지

천정향

본문 요약

아담이 하와와 동침하여 가인과 아벨을 낳습니다. 아벨은 양을 치는 자가 되고, 가인은 농사하는 자가 되어 각자의 소산으로 제물을 드렸습니다. 하나님은 아벨이 드린 양의 첫 새끼와 그 기름은 받으셨지만, 가인이 땅의 소산으로 드린 제물은 받지 않으셨습니다. 하나님은 분하여 안색이 변한 가인에게 "선을 행하며 죄를 다스리라"고 말씀하십니다.

질문하기

1. 왜 하나님은 가인의 제물은 받지 않으시고, 아벨의 제물을 받으셨을까? (4-5절)
2. 왜 하나님은 가인에게 죄를 다스리라고 하셨을까? (7절)

묵상하기

1. 왜 하나님은 가인의 제물은 받지 않으시고, 아벨의 제물을 받으셨을까? (4-5절)

하나님은 제물의 종류가 아니라 예배자의 마음과 태도를 보십니다. 아벨은 자신이 가진 것 중 가장 귀한 양의 첫 새끼와 그 기름을 구별하여 드렸기에 하나님께서 아벨과 그의 제물을 받으십니다. 그러나 가인은 땅의 소산 중 일부로 형식적인 예배를 드렸기에 거절하십니다.

불신 가정에서 종갓집 장손으로 태어난 저는 초등학교 3학년 때 친구 아버지의 전도로 교회를 다니기 시작했습니다. 제가 청소년이던 시절, 아버지는 큰 사고와 지인의 배신으로 우울증과 알코올의존증에 빠지셨습니다. 술만 드시면 폭언과 폭력으로 가족들을 괴롭혔고, 저는 그런 아버지를 피해 다니다 결국 학업까지 포기해야 했습니다.

성인이 된 후, 주일에는 거룩한 모습으로 예배를 드렸지만 주중에는 열등감으로 음주 가무와 음란에 빠져 지냈습니다. 가인처럼 욕심으로 예배를 드리면서도 하나님께서 당연히 내 예배를 받으시고 나를 지켜 주시리라고 착각했습니다(3절). 결국 육신의 정욕으로 만난 아내와 혼전임신과 낙태의 죄를 저질렀지만, 그때는 그것이 죄인 줄도 몰랐습니다.

그러다 결혼 후 시작한 사업이 부도나고, 막내딸이 학교 폭력 사건에 연루되는 큰 풍랑을 만났습니다. 딸은 피해자임에도 가해자로 몰려 중학교 졸업이 어려워졌습니다. 그러자 가인처럼 저도 내 예배를 거절하신 것 같은 사건들이 해석되지 않아 분을 냈습니다(5절).

최선을 다해도 상황이 나아지지 않자 결국 내 힘으로 아무것도 할 수 없음을 인정하며 하나님 앞에 엎드렸습니다. 아내와 딸이 먼저 말씀이 있는 공동체에 속했고, 저는 매주 달라지는 아내와 딸을 지켜보며 담임목사님의 책『날마다 살아나는 큐티』를 읽게 됐습니다. 책을 통해 그동안 가해자라고만 생각했던 부모님, 아내와 자녀들이 문제가 아니라, 삶으로 신앙의 본을 보이지 못한 제가 문제임을 깨달았습니다.

2. 왜 하나님은 가인에게 죄를 다스리라고 하셨을까? (7절)

가인은 자신의 수고가 인정받지 못했다고 생각하며 분노합니다. 그러나 하나님의 뜻은 가인을 벌주시는 것이 아니라, 가인이 아벨처럼 올바른 예배를 드리며 죄를 다스리는 것이었습니다. 예배를 통해 날마다 말씀으로 교훈과 책망을 받으며 선을 행할 때 우리는 죄를 다스릴 수 있습니다.

교회 공동체에 속해 예배드리고 양육을 받으며 저주 같던 사건들이 제가 아벨처럼 온전한 예배를 드리기 원하시는 하나님의 사랑임을 비로소 깨달았습니다(7절). "아담이 그의 아내 하와와 동침하여 가인을 낳았다"(1절)는 말씀으로 그동안 가볍게 여겼던 혼전임신과 낙태의 죄를 깨닫고 회개하게 되었습니다. 또한 형식적인 예배와 신앙고백으로 드리지 못한 헌금생활도 회개했습니다. 그러자 하나님은 딸이 무사히 중학교를 졸업하는 은혜를 주셨습니다.

그러나 저는 여전히 딸들에게 폭언과 폭력으로 상처를 주었고 두 딸은 교회를 떠났습니다. 이것을 아내 탓으로 돌리며 심하게 싸우다 죽을 결심으로 한강대교를 찾기도 했습니다. 그러나 하나님은 "자살은 죄를 스스로 해결하려는 가장 큰 악"이라는 주일 말씀으로 저를 찾아와 주셨습니다. 그러자 부모로서 예배의 본을 보이지 못하고 내 열심으로 자녀들을 힘들게 한 내가 문제 부모임이 깨달아져 딸에게 무릎 꿇고 사과할 수 있었습니다.

사울 왕이 죽는 말씀을 묵상하며 그동안 포기하지 못했던 사업이 나의 떼쓰는 기도에 대한 하나님의 응답이었음을 깨닫고 18년 만에 정리할 수 있었습니다. 그리고 쓰레기를 치우는 청소원이 되어 9년 동안 정년까지 일했습니다.

얼마 전부터 첫째 딸의 마음이 조금씩 열리고, 둘째 딸은 예배를 회복하고 청년부에 잘 붙어 가는 은혜를 누리고 있습니다. 죄를 다스리지 못한 저 때문에 온 가족이 수고했음을 알기에, 이제는 날마다 말씀으로 아벨의 제사를 드리며 살기 원합니다(4절).

적용하기

- 자녀들의 예배 회복과 신결혼을 위해 매일 기도하겠습니다.
- 생색이 올라올 때 공동체에 솔직히 나누며 죄를 다스리겠습니다.

기도하기

주님, 저는 열심히 예배드리면서도 죄를 깨닫지 못했던 영적 나병환자였습니다. 그런 저를 버리지 않으시고, 아벨의 예배를 드릴 수 있도록 양육해 주셔서 감사합니다. 이제는 내 힘과 열심이 아니라, 말씀으로 교훈과 책망을 받으며 내 죄와 연약함을 진실하게 고백하는 예배자로 남은 사명을 이루어 가기 원합니다. 저의 예배를 받아 주옵소서.

 **돌아보기** Nursing　주제 도서 읽고 나누기

- 『**합격**』(김양재, QTM)을 읽고, 독후감을 작성해 봅시다.

 **살아내기** Keeping　한 주의 실천 과제와 매일 큐티

- **생활 숙제**　하나님이 받으시는 예배를 드리기 위해 내가 바꿔야 할 태도나 습관은 무엇인지 나눠 봅시다.
- **매일 큐티**　매일 큐티를 통해 나 자신과 가정, 공동체를 어떻게 지키고자 했는지 돌아봅시다.

성구 암송과 교리 요약

축복의 벌

16 또 여자에게 이르시되 내가 네게 임신하는 고통을 크게 더하리니 네가 수고하고 자식을 낳을 것이며 너는 남편을 원하고 남편은 너를 다스릴 것이니라 하시고 창세기 3:16

하나님은 불순종하여 범죄한 여자에게는 해산과 남편 사모함의 벌을, 남자에게는 노동의 고통을 동반한 형벌을 주셨습니다. 그러나 그 벌을 잘 받을 때, 형벌은 하나님의 은혜로 축복이 됩니다.

죄를 다스릴지니라

7 네가 선을 행하면 어찌 낯을 들지 못하겠느냐 선을 행하지 아니하면 죄가 문에 엎드려 있느니라 죄가 너를 원하나 너는 죄를 다스릴지니라 창세기 4:7

내 의지로는 죄를 원하는 마음을 버릴 수 없기에 공동체에서 욕심을 버리는 훈련, 가지치기하는 훈련을 잘 받으며 가야 합니다.

회개는 평생 계속되어야 할 삶의 방식입니다.

나를 살리는 회개

죄 고백

사무엘하 12:13-31

 **04 나를 살리는 회개**

죄 고백 사무엘하 12:13-31

 **마음 열기** Telling 마음을 열고 생각을 나누는 시간

- 다른 사람의 지적에 "옳소이다" 하고 인정을 잘합니까?
- 주일/수요 설교를 듣고 느낀 점을 나눠 봅시다.

말씀 읽기 Holifying 깊은 묵상을 위한 질문과 답

1. 인간 최고의 감정, 회개 (요한계시록 22:14)

14 자기 두루마기를 빠는 자들은 복이 있으니 이는 그들이 생명나무에 나아가며 문들을 통하여 성에 들어갈 권세를 받으려 함이로다

- 두루마기를 빠는 자의 복을 받으려면 어떻게 해야 합니까? (14절)

2. 다윗의 회개 (시편 6,32,51편,사무엘하 12장배경)

1) 다윗의 회개의 고백인 시편 6편, 32편, 51편을 읽어 보십시오. 자신의 죄를 통회하는
   애끓는 심정이 느껴집니까?

____

____

____

2) 하나님은 다윗의 죄를 어떻게 만천하에 드러내셨습니까? (삼하 12장)

____

____

____

3. 다윗의 회개시 (시편 51편)

[다윗의 시, 인도자를 따라 부르는 노래, 다윗이 밧세바와 동침한 후 선지자 나단이 그에게
왔을 때]

1 하나님이여 주의 인자를 따라 내게 은혜를 베푸시며 주의 많은 긍휼을 따라 내 죄악을 지
워 주소서 2 나의 죄악을 말갛게 씻으시며 나의 죄를 깨끗이 제하소서 3 무릇 나는 내 죄과
를 아오니 내 죄가 항상 내 앞에 있나이다 4 내가 주께만 범죄하여 주의 목전에 악을 행하였
사오니 주께서 말씀하실 때에 의로우시다 하고 주께서 심판하실 때에 순전하시다 하리이다
5 내가 죄악 중에서 출생하였음이여 어머니가 죄 중에서 나를 잉태하였나이다 6 보소서 주

께서는 중심이 진실함을 원하시오니 내게 지혜를 은밀히 가르치시리이다 7 우슬초로 나를 정결하게 하소서 내가 정하리이다 나의 죄를 씻어 주소서 내가 눈보다 희리이다 8 내게 즐겁고 기쁜 소리를 들려 주시사 주께서 꺾으신 뼈들도 즐거워하게 하소서 9 주의 얼굴을 내 죄에서 돌이키시고 내 모든 죄악을 지워 주소서 10 하나님이여 내 속에 정한 마음을 창조하시고 내 안에 정직한 영을 새롭게 하소서 11 나를 주 앞에서 쫓아내지 마시며 주의 성령을 내게서 거두지 마소서 12 주의 구원의 즐거움을 내게 회복시켜 주시고 자원하는 심령을 주사 나를 붙드소서 13 그리하면 내가 범죄자에게 주의 도를 가르치리니 죄인들이 주께 돌아오리이다 14 하나님이여 나의 구원의 하나님이여 피 흘린 죄에서 나를 건지소서 내 혀가 주의 의를 높이 노래하리이다 15 주여 내 입술을 열어 주소서 내 입이 주를 찬송하여 전파하리이다 16 주께서는 제사를 기뻐하지 아니하시나니 그렇지 아니하면 내가 드렸을 것이라 주는 번제를 기뻐하지 아니하시나이다 17 하나님께서 구하시는 제사는 상한 심령이라 하나님이여 상하고 통회하는 마음을 주께서 멸시하지 아니하시리이다 18 주의 은택으로 시온에 선을 행하시고 예루살렘 성을 쌓으소서 19 그 때에 주께서 의로운 제사와 번제와 온전한 번제를 기뻐하시리니 그 때에 그들이 수소를 주의 제단에 드리리이다

1) 다윗은 자신의 죄악을 지워 달라고 어떻게 아룁니까? (1절)

____

____

____

⌘ 죄를 자백한다는 것은 이 땅에서 잃을 것이 많고, 사람들이 무시해도 이를 받아들이겠다는 의미입니다. 그럼에도 죄를 자백할 용기가 있습니까?

2) 다윗은 죄에서 벗어날 수만 있다면 어떠한 심판도 감수하겠다고 고백합니다. 다윗이
받은 벌은 무엇입니까? (4절)

3) 왜 다윗은 자신이 죄악 중에 출생했다고 합니까? (5절)

⌘ 내가 죄악 중에 출생했다는 것이 인정됩니까?

4) 왜 다윗은 우슬초로 자신을 정결하게 해 달라고 합니까? (6-7절)

5) 즐겁고 기쁜 소리가 심령 가운데 흘러나오고, 정한 마음과 정직한 영이 새롭게 되는
거듭남은 무엇으로 가능합니까? (8-11절)

6) 하나님은 죄의 문제를 해결한 사람에게 무엇을 주십니까? 앞으로 어떤 일을 감당해
   야 합니까? (12-19절)

____

____

____

4. 죄 사함을 누리는 공동체 (마태복음 9:2)

2 침상에 누운 중풍병자를 사람들이 데리고 오거늘 예수께서 그들의 믿음을 보시고 중풍병
자에게 이르시되 작은 자야 안심하라 네 죄 사함을 받았느니라

• 예수님은 왜 중풍병자에게 병 나음이 아닌 죄 사함을 받았다고 하십니까? (2절)

____

____

____

⌘ 가정과 교회와 직장에 중풍병자처럼 불편을 끼치는 존재, 골치 아픈 문제가 있습니
   까? 그것을 치유하기 위해 공동체 안에서 각자의 죄를 회개하며 주님을 감탄시키는
   '그들의 믿음'이 있습니까? 회개와 죄 사함보다 문제 해결에만 급급해서 서로를 탓
   하고 책임을 떠넘기지는 않습니까?

13 다윗이 나단에게 이르되 내가 여호와께 죄를 범하였노라 하매 나단이 다윗에게 말하되 여호와께서도 당신의 죄를 사하셨나니 당신이 죽지 아니하려니와 14 이 일로 말미암아 여호와의 원수가 크게 비방할 거리를 얻게 하였으니 당신이 낳은 아이가 반드시 죽으리이다 하고 15 나단이 자기 집으로 돌아가니라 우리아의 아내가 다윗에게 낳은 아이를 여호와께서 치시매 심히 앓는지라 16 다윗이 그 아이를 위하여 하나님께 간구하되 다윗이 금식하고 안에 들어가서 밤새도록 땅에 엎드렸으니 17 그 집의 늙은 자들이 그 곁에 서서 다윗을 땅에서 일으키려 하되 왕이 듣지 아니하고 그들과 더불어 먹지도 아니하더라 18 이레 만에 그 아이가 죽으니라 그러나 다윗의 신하들이 아이가 죽은 것을 왕에게 아뢰기를 두려워하니 이는 그들이 말하기를 아이가 살았을 때에 우리가 그에게 말하여도 왕이 그 말을 듣지 아니하셨나니 어떻게 그 아이가 죽은 것을 그에게 아뢸 수 있으랴 왕이 상심하시리로다 함이라 19 다윗이 그의 신하들이 서로 수군거리는 것을 보고 그 아이가 죽은 줄을 다윗이 깨닫고 그의 신하들에게 묻되 아이가 죽었느냐 하니 대답하되 죽었나이다 하는지라 20 다윗이 땅에서 일어나 몸을 씻고 기름을 바르고 의복을 갈아입고 여호와의 전에 들어가서 경배하고 왕궁으로 돌아와 명령하여 음식을 그 앞에 차리게 하고 먹은지라 21 그의 신하들이 그에게 이르되 아이가 살았을 때에는 그를 위하여 금식하고 우시더니 죽은 후에는 일어나서 잡수시니 이 일이 어찌 됨이니이까 하니 22 이르되 아이가 살았을 때에 내가 금식하고 운 것은 혹시 여호와께서 나를 불쌍히 여기사 아이를 살려 주실는지 누가 알까 생각함이거니와 23 지금은 죽었으니 내가 어찌 금식하랴 내가 다시 돌아오게 할 수 있느냐 나는 그에게로 가려니와 그는 내게로 돌아오지 아니하리라 하니라 24 다윗이 그의 아내 밧세바를 위로하

고 그에게 들어가 그와 동침하였더니 그가 아들을 낳으매 그의 이름을 솔로몬이라 하니
라 여호와께서 그를 사랑하사 25 선지자 나단을 보내 그의 이름을 여디디야라 하시니 이는
여호와께서 사랑하셨기 때문이더라 26 요압이 암몬 자손의 랍바를 쳐서 그 왕성을 점령하
매 27 요압이 전령을 다윗에게 보내 이르되 내가 랍바 곧 물들의 성읍을 쳐서 점령하였으니
28 이제 왕은 그 백성의 남은 군사를 모아 그 성에 맞서 진 치고 이 성읍을 쳐서 점령하소
서 내가 이 성읍을 점령하면 이 성읍이 내 이름으로 일컬음을 받을까 두려워하나이다 하니
29 다윗이 모든 군사를 모아 랍바로 가서 그 곳을 쳐서 점령하고 30 그 왕의 머리에서 보석 박
힌 왕관을 가져오니 그 중량이 금 한 달란트라 다윗이 자기의 머리에 쓰니라 다윗이 또 그 성
읍에서 노략한 물건을 무수히 내오고 31 그 안에 있는 백성들을 끌어내어 톱질과 써레질과
철도끼질과 벽돌구이를 그들에게 하게 하니라 암몬 자손의 모든 성읍을 이같이 하고 다윗과
모든 백성이 예루살렘으로 돌아가니라

1. 죄 고백이 있습니다(13절).

다윗은 밧세바를 범하고 우리아를 죽인 죄를 1년간이나 은폐합니다. 나단은 그런 다윗을 찾아가 비유로 지혜롭고 단호하게 책망합니다. 그러자 다윗은 즉각 회개하면서 "내가 죄를 지었습니다. 나는 죄인입니다"라고 고백합니다. 나단도 즉시 "여호와께서도 당신의 죄를 사하셨나니 당신이 죽지 아니하려니와"라고 합니다. 우리는 '어떻게 다윗은 이렇게 빨리 죄 사함을 받을 수 있었을까?' 싶습니다. 하지만 다윗이 이 당시에 쓴 시편 51편을 보면 그는 "나병을 치료하는 우슬초로 자신을 씻어 달라"고 고백합니다. 자신의 죄를 회개할 뿐만 아니라 철저히 낮아졌습니다. 회개란 바로 이런 것입니다. 시편에는 단 한 줄로 기록되었지만 다윗은 즉각적인 회개, 변명이 없는 회개, 겸손한 회개를 했습니다. 이후 다윗은 자신의 내면을 직면하고, 이때의 회개가 분수령이 되어 인생 후반에는 점점 말이 없어지고 인내하게 되었습니다. 회개는 평생 계속되어야 할 삶의 방식입니다.

2. 죄는 반드시 징벌하십니다(14-15절).

다윗의 넘어짐은 원수에게 득세할 기회를 주는 것임에도 하나님이 다윗을 넘어지도록 두신 이유가 무엇입니까? 결국 다윗 스스로 자신이 죄인임을 알게 하기 위함입니다. 나단이 "당신이 낳은 아이가 반드시 죽으리이다"라고 징벌을 예고한 것도 그렇습니다. 다윗이 처절히 회개하고 죄 사함을 받았지만, 그 대가는 반드시 치러야 한다는 것입니다. 그런데 우리에게는 '죄를 지어도 하나님이 용서해 주신다'는 생각이 앞서 있습니다. 그래서 죄를 쉽게 생각합니다. 하지만 하나님은 죄를 미워하십니다. 죄에 대해 책임을 물으십니다. 죄인은 용서하시지만 죄는 반드시 징벌하십니다.

3. 징벌에 순종합니다(16-25절).

다윗이 현실을 수용합니다. 말씀대로 아이가 심하게 앓지만, 포기하지 않고 마지막까지 금식하고 기도하면서 주님께 자비를 구합니다. 그럼에도 이레 만에 아이가 죽습니다(18절). 신하들도 "다윗이 그토록 기도했는데 그 아이가 죽었대. 아이고, 참 안됐어" 하고 수군거립니다. 그러나 하나님의 약속을 믿는 다윗은 몸을 씻고 기름을 바르고 의복을 갈아입고 하나님을 경배합니다. 아이의 죽음을 하나님의 응답으로 믿었기 때문입니다. 다윗은 '나는 그에게로 가려니와'라는 고백을 통해 아이가 천국에 갔음을 확신합니다. 아이의 죽음으로 다윗이 더 절망하리라는 사람들의 예상과는 달리 다윗은 여호와께 예배드린 후 집으로 돌아와 음식도 먹습니다. 하나님을 신뢰함으로 모든 결과를 인정하고 받아들였기 때문입니다. 그리고 다윗은 모든 사람이 손가락질하는 밧세바를 위로하고 동침합니다. 밧세바가 예뻐서 같이 산 것이 아닙니다. 다윗이 주 안에서의 진정한 사랑을 알게 되었음을 의미합니다. 이야말로 진정한 회개, 진정한 사랑입니다. 하나님은 아픔과 슬픔을 딛고 일어난 다윗과 밧세바에게 '사랑하는 자'라는 뜻의 '여디디야', 솔로몬을 주십니다.

4. 회개의 결론은 거룩입니다(26-31절).

암몬과의 전쟁에서 승리한 때는 솔로몬이 출생하기 이전입니다. 성경이 순서를 바꾸어 기록한 이유는, 이 승리가 다윗이 회개했기 때문이 아니라 그가 죄짓고 있는데도 하나님이 이기게 해 주신 것임을 강조하기 위함입니다. 우리도 죄 가운데 있는데 모든 일이 잘 풀릴 수 있습니다. 그럴수록 우리는 오히려 근심해야 합니다. 전쟁에서 이기는 것보다 여호와께 기름 부음을 받은 자로서 순종하며 성결을 지키는 것이 더 중요합니다. 외적인 열매가 아무리 많아도 내적인 거룩이 없으면 무용지물입니다. 그래서 다윗도 전쟁에서는 이겼지만 일생을 간신 요압에게 끌려다

녀야 했습니다. 실질적인 싸움에서는 진 것입니다. 우리는 내 힘으로 죄를 이기고
세상을 이기려고 노력하기보다는 하나님께 나아가 회개하고, 예배를 중수하며 내
적 성전을 세워 가야 합니다.

책망을 인정한 쓰레기

김상수

본문 요약

다윗은 나단의 책망을 듣고 여호와께 죄를 범했다고 고백합니다. 나단은 다윗이 낳은 아이가 죽으리라고 말합니다. 아이를 위하여 금식하며 기도하던 다윗은 말씀대로 아이가 죽자 일어나 몸을 씻고 음식을 먹습니다. 그리고 밧세바를 위로하고 동침하여 솔로몬을 낳습니다. 또한 다윗이 암몬 자손의 랍바를 쳐서 승리합니다.

질문하기

1. 왜 다윗은 "내가 여호와께 죄를 범하였노라"고 했을까? (13절)
2. 왜 다윗은 아이가 죽었다는 것을 알고 일어나 몸을 씻고 음식을 먹었을까? (20절)

묵상하기

1. 왜 다윗은 "내가 여호와께 죄를 범하였노라"고 했을까? (13절)

하나님은 밧세바를 범하고 우리아를 죽인 죄를 은폐했던 다윗에게 나단 선지자를 보내셨습니다. 다윗은 나단의 책망을 하나님의 말씀으로 듣고 즉시 "내가 여호와께 죄를 범하였노라" 고백하며 분수령적인 회개를 합니다.

저는 중학생 때 어머니의 전도로 교회에 다니기 시작했습니다. 엄한 아버지에게서 받지 못한 사랑과 인정을 교회에서 받고 싶어 예배와 헌금, 봉사에 열심을 냈습니다. 그러자 주변에서도, 스스로도 '믿음 좋은 청년'이라고 여겼습니다. 하지만 청년이 되어 직장에서도 인정받고 싶다는 욕심으로 자연스럽게 담배와 술, 음란을 즐겼습니다. 죄를 지을수록 교회에서는 더 열심을 내며 나도, 남도 속이며 살았습니다.

그렇게 다윗처럼 죄를 숨긴 채 살아가고 있을 때, 어머니가 이단에 빠지시는 사건이 왔습니다. 그러나 저는 이 일이 저를 향한 하나님의 책망임을 깨닫지 못했기에 밤낮을 울며 하나님을 원망했습니다. 내 힘으로 어머니를 이단에서 빼내고 싶어 야간 신학교에 들어갔는데, 거기서 한 자매를 만나 결혼했습니다.

예수님 잘 믿는 행복한 가정을 꿈꾸었지만, 첫아이가 유산되는 고난이 닥쳤습니다. 저는 '이렇게 열심히 하나님을 믿고 봉사하고 기도했는데 어떻게 자식을 데려가시냐'며 다시 하나님을 원망하며 울부짖었습니다. 그러던 중 담임목사님의 '다윗과 밧세바'에 관한 설교를 듣게 되었습니다. 이 말씀을 통해 이제껏 거룩한 겉모습 속에 숨겨 왔던 다윗과 같은 저의 음란한 죄들이 생각났습니다. 다윗이 나단의 책망을 듣고 즉시 죄를 고백한 것처럼, 저도 그동안 누구에게도 말하지 못했던 안마방, 단란주점 등에서 수많은 여자와 음란을 저지른 청년 시절의 죄를 깨닫고 "저는 쓰레기입니다"라고 고백할 수 있었습니다(13절).

2. 왜 다윗은 아이가 죽었다는 것을 알고 일어나 몸을 씻고 음식을 먹었을까? (20절)

하나님은 다윗이 죄인이라는 것을 알게 하시고자 다윗이 낳은 아이가 반드시 죽으리라고 징벌을 예고하셨습니다. 다윗은 하나님을 신뢰하며 아이의 죽음을 응답으로 믿고 아이가 천국에 갔음을 확신했습니다. 그래서 일어나 몸을 씻고 음식을 먹고 다시 일상을 살아갑니다.

첫아이의 유산 사건을 통해 제가 얼마나 음란한 죄인인지 깨닫게 되었습니다. 그리고 아이가 사명대로 왔다가 사명대로 천국에 간 것이 믿어졌습니다. 그러자 원망과 후회 대신, 나단 선지자의 책망 같은 말씀을 듣고 회개하기까지 저를 기다려 주신 주님의 은혜가 깨달아져 감사했습니다(20절). 하나님은 저의 분수령적인 회개의 고백을 들으시고, 둘째 아이를 바로 허락해 주셨습니다(24절).

다윗이 범죄하고 있던 기간에도 암몬을 무찔렀다고 하는데, 아무리 외적인 열매가 많아도 진정 중요한 것은 거룩임을 깨닫습니다(26-31절). 둘째 아이는 선천성 갑상샘 저하증 진단을 받았습니다. 아이가 피를 뽑고 호르몬 약을 먹는 3년 동안 하나님은 우리 가정이 외적인 행복보다 예수님과 동행하는 거룩한 삶을 배우도록 때마다 사랑으로 호호 불어 가며 인도해 주셨습니다. 그렇게 주님의 사랑을 경험하며 하나님이 기뻐하시는 가정으로 조금씩 변화되자 아이의 완치 판정을 듣는 은혜도 허락해 주셨습니다.

적용하기

- 교회 소그룹에서 100% 죄인인 저의 음란 간증을 나누며 거룩을 지켜 가겠습니다.
- 화요일마다 우리 가정을 살리신 주님께 감사와 기쁨으로 가정예배를 드리겠습니다.

기도하기

하나님 아버지, 저는 음란의 죄를 짓고도 숨기기에만 급급했던 죄인입니다. 어머니의 이단 사건과 첫아이의 유산을 겪으면서도 책망의 말씀이 들리지 않아 하나님을 원망했습니다. 이런 제가 100% 죄인임을 깨닫고 회개하기까지 기다려 주신 주님, 감사합니다. 이제는 다윗이 몸을 씻고 일어나 음식을 먹은 것처럼 저의 구원을 위해 수고한 가족들을 위로하고 안아 주길 원합니다. 날마다 말씀을 묵상하며 제 간증으로 남을 살리는 사명을 감당할 수 있도록 도와주옵소서.

 **돌아보기** Nursing 주제 도서 읽고 나누기

- 『**내면세계의 질서와 영적 성장**』(고든 맥도날드, IVP)을 읽고, 독후감을 작성해 봅시다.

 **살아내기** Keeping 한 주의 실천 과제와 매일 큐티

- **생활 숙제** 다윗이 밧세바를 범하고 우리아를 죽인 죄를 은폐했던 것처럼 아직까지 고백하지 못한 죄가 있다면, 하나님께 드리는 편지글 형식으로 고백해 봅시다.

- **매일 큐티** 매일 큐티를 통해 나 자신과 가정, 공동체를 어떻게 지키고자 했는지 돌아봅시다.

성구 암송과 교리 요약

성령의 새롭게 하심

10 하나님이여 내 속에 정한 마음을 창조하시고 내 안에 정직한 영을 새롭게 하소서

11 나를 주 앞에서 쫓아내지 마시며 주의 성령을 내게서 거두지 마소서 시편 51:10-11

회개는 죄를 깨닫게 하는 성령 사역의 결과입니다. 죄에 대한 경건한 슬픔으로 나타납니다. 회개를 통해 성령의 능력으로 죄의 본성을 가진 옛 사람이 죽고, 새사람으로 거듭나게 됩니다.

나를 살리는 회개

16 다윗이 그 아이를 위하여 하나님께 간구하되 다윗이 금식하고 안에 들어가서 밤새도록 땅에 엎드렸으니 사무엘하 12:16

회개는 죄를 미워하여 자발적으로 악에서 돌이키고 구원을 받을 수 있도록 준비시킵니다. 그리스도를 본받아 거룩하고 변화된 삶으로 나아가게 하므로 죄로 말미암아 죽어 가던 나를 살립니다.

우리는 내 힘으로 죄를 이기고 세상을 이기려고 노력하기보다는
하나님께 나아가 회개하고,
예배를 중수하며 내적 성전을 세워 가야 합니다.

율법으로 인해 자신의 죄를 알게 되기에
율법은 거룩하고 의롭고 선한 것입니다.

05

율법과 은혜

율법을 주신 이유

로마서 7:7-16

05 율법과 은혜

율법을 주신 이유 로마서 7:7-16

마음 열기 Telling 마음을 열고 생각을 나누는 시간

- 미처 몰랐던 자신의 잘못을 말씀을 통해 깨달은 적이 있습니까?
- 주일/수요 설교를 듣고 느낀 점을 나눠 봅시다.

말씀 읽기 Holifying 깊은 묵상을 위한 질문과 답

1. 율법은 죄를 보게 하는 거울 (로마서 5:20)

20 율법이 들어온 것은 범죄를 더하게 하려 함이라 그러나 죄가 더한 곳에 은혜가 더욱 넘쳤나니

- 죄가 더한 곳에 은혜가 더욱 넘친다는 것은 무슨 뜻입니까? (20절)

2. 하나님이 예비하신 의의 길 (로마서 3:21)

21 이제는 율법 외에 하나님의 한 의가 나타났으니 율법과 선지자들에게 증거를 받은 것이라

● 율법 외에 나타난 한 의(義)는 누구를 가리키고, 그로 인해 무엇이 달라집니까? (21절)

____

____

____

____

⌘ 내 인생을 변화시킨 '그러나 이제는'의 간증이 있습니까? 이제는 달라진 삶으로 다른 이들에게 새로운 길 되신 하나님의 의를 증거하고 있습니까? 내 신앙은 아직 율법 아래 있습니까, 복음 아래 있습니까?

3. 하나님 사랑, 이웃 사랑의 율법 (마태복음 22:35-40)

35 그 중의 한 율법사가 예수를 시험하여 묻되 36 선생님 율법 중에서 어느 계명이 크니이까 37 예수께서 이르시되 네 마음을 다하고 목숨을 다하고 뜻을 다하여 주 너의 하나님을 사랑하라 하셨으니 38 이것이 크고 첫째 되는 계명이요 39 둘째도 그와 같으니 네 이웃을 네 자신 같이 사랑하라 하셨으니 40 이 두 계명이 온 율법과 선지자의 강령이니라

1) 율법사는 왜 예수님에게 어느 계명이 큰지 묻습니까? (35-36절)

____

____

____

2) 예수님은 율법사의 질문에 어떻게 답하십니까? (37-40절)

____

____

____

____

4. 건강한 성도의 세 가지 기준 (로마서 7:14-25)

14 우리가 율법은 신령한 줄 알거니와 나는 육신에 속하여 죄 아래에 팔렸도다 15 내가 행하는 것을 내가 알지 못하노니 곧 내가 원하는 것은 행하지 아니하고 도리어 미워하는 것을 행함이라 16 만일 내가 원하지 아니하는 그것을 행하면 내가 이로써 율법이 선한 것을 시인하노니 17 이제는 그것을 행하는 자가 내가 아니요 내 속에 거하는 죄니라 18 내 속 곧 내 육신에 선한 것이 거하지 아니하는 줄을 아노니 원함은 내게 있으나 선을 행하는 것은 없노라 19 내가 원하는 바 선은 행하지 아니하고 도리어 원하지 아니하는 바 악을 행하는도다 20 만일 내가 원하지 아니하는 그것을 하면 이를 행하는 자는 내가 아니요 내 속에 거하는 죄니라 21 그러므로 내가 한 법을 깨달았노니 곧 선을 행하기 원하는 나에게 악이 함께 있는 것이로다 22 내 속사람으로는 하나님의 법을 즐거워하되 23 내 지체 속에서 한 다른 법이 내 마음의 법과 싸워 내 지체 속에 있는 죄의 법으로 나를 사로잡는 것을 보는도다 24 오호라 나는 곤고한 사람이로다 이 사망의 몸에서 누가 나를 건져내랴 25 우리 주 예수 그리스도로 말미암아 하나님께 감사하리로다 그런즉 내 자신이 마음으로는 하나님의 법을 육신으로는 죄의 법을 섬기노라

1) 내가 원하는 것은 행하지 않고, 미워하는 것을 행하는 이유는 무엇입니까? (15절)

2) 바울은 자신의 모습(지체) 속에서 무엇을 바라보고 있습니까? (22-23절)

3) 바울은 왜 "누가 나를 건져내랴" 하고 탄식합니까? (24-25절)

7 그런즉 우리가 무슨 말을 하리요 율법이 죄냐 그럴 수 없느니라 율법으로 말미암지 않고는 내가 죄를 알지 못하였으니 곧 율법이 탐내지 말라 하지 아니하였더라면 내가 탐심을 알지 못하였으리라 8 그러나 죄가 기회를 타서 계명으로 말미암아 내 속에서 온갖 탐심을 이루었나니 이는 율법이 없으면 죄가 죽은 것임이라 9 전에 율법을 깨닫지 못했을 때에는 내가 살았더니 계명이 이르매 죄는 살아나고 나는 죽었도다 10 생명에 이르게 할 그 계명이 내게 대하여 도리어 사망에 이르게 하는 것이 되었도다 11 죄가 기회를 타서 계명으로 말미암아 나를 속이고 그것으로 나를 죽였는지라 12 이로 보건대 율법은 거룩하고 계명도 거룩하고 의로우며 선하도다 13 그런즉 선한 것이 내게 사망이 되었느냐 그럴 수 없느니라 오직 죄가 죄로 드러나기 위하여 선한 그것으로 말미암아 나를 죽게 만들었으니 이는 계명으로 말미암아 죄로 심히 죄 되게 하려 함이라 14 우리가 율법은 신령한 줄 알거니와 나는 육신에 속하여 죄 아래에 팔렸도다 15 내가 행하는 것을 내가 알지 못하노니 곧 내가 원하는 것은 행하지 아니하고 도리어 미워하는 것을 행함이라 16 만일 내가 원하지 아니하는 그것을 행하면 내가 이로써 율법이 선한 것을 시인하노니

1. 율법은 죄를 알게 합니다(7절).

십계명의 첫 번째 계명부터 아홉 번째 계명까지 외적인 죄를 언급했다면, 마지막 열 번째 계명 '탐내지 말라'는 내면의 죄를 말합니다. 비중이 약해서 맨 마지막에 언급한 것이 아닙니다. 하나님 외에 다른 신을 섬기고, 안식일을 어기고, 부모를 공경하지 않고, 살인하고, 도적질하고, 간음하는 모든 죄가 탐심에서 비롯되기에 총체적 관점으로 마지막에 이야기한 것입니다. 이렇듯 율법은 외적인 행동과 언어로는 나타나지 않을지라도 내 속에 있는 '탐심'이 죄라는 것을 알려 줍니다. 육신과 죄와 율법과 죽음은 떼려야 뗄 수 없는 관계입니다. 육신은 죄의 도구이고, 죄는 율법을 통해 드러납니다. 그리고 죄의 결과는 죽음입니다. 하지만 우리는 예수 그리스도의 십자가 구속으로 말미암아 죄와 율법에 대해 죽임을 당했습니다(롬 6:11, 7:4).

2. 율법이 이르면 죄는 살아나고 나는 죽습니다(8-11절).

율법은 죄를 알려 줍니다. 그러나 우리는 율법이 하지 말라고 하니까 더 호기심이 생겨서 죄를 짓게 됩니다. 이것이 곧 "죄가 기회를 타서 계명으로 말미암아 내 속에서 온갖 탐심을 이루는 것"입니다. 그렇다면 율법이 잘못된 것입니까? 결코 아닙니다. 율법은 단지 거점이 되었을 뿐 내 속에는 이미 죄성이 있었습니다.

　바울은 율법을 깨닫지 못했을 때는 죄의식도 없고 자기 뜻대로 살았지만, "계명이 이르매 죄는 살아나고 나는 죽었다"고 합니다. 아무리 율법 박사라도 말씀을 깨닫지 못하면 소용이 없습니다. 계명이 나에게 이르러야 죄가 무엇인지를 알게 되고, 죄의식이 생깁니다. 내 힘으로는 율법을 지킬 수 없음을 알게 됩니다. 이것이 곧 '죄는 살아나고 내가 죽는 것'입니다. 그러므로 우리는 성경을 지식으로만 보고 들어서는 안 됩니다. 날마다 나에게 이르시는 하나님의 말씀으로 들어야 합니다. 그래야 내 죄를 깨달을 수 있습니다. 죄는 살아나고 나는 죽는 은혜가 임하는 것입니다. "생명에 이르게 할 그 계명이 내게 대하여 도리어 사망에 이르게 하는 것이 되었도다"라는 말씀도 그렇습니다. 죄에 대한 감각이 없어서 회개하지 못하고 죽어 갈 우리에게 예수님이 오셔서 그 감각을 살려 주셨습니다. 그러므로 도덕과 윤리를 넘어서는 죄를 알게 되고 내 죄 때문에 애통하게 되었습니다. 만약 죄에 대한 애통함이 없다면 내가 영적 나병환자라는 것을 알아야 합니다.

3. 율법은 선한 것입니다(12-16절).

율법으로 인해 자신의 죄를 알게 되기에 율법은 거룩하고 의롭고 선한 것입니다. 그런데 선한 율법으로 내 속의 죄와 더러움을 보게 되면, 나도 싫은 나 자신으로 말미암아 절망을 느낍니다. 그런 나를 직면하는 것이 얼마나 고통인지 모릅니다. 죄로 멸망하는 것과 같은 고통일 수도 있습니다. 우리는 내 죄가 드러나고, 그 죄를 인정하는 것을 너무나 힘들어합니다. 하지만 죄를 인정하는 것만이 살길입니다. 율법을 통해 내 죄가 살아나는 은혜를 경험하고, 내가 아무것도 할 수 없는 죄인임을 깨달아 삶의 모든 영역에서 하나님만 의지하고 전심으로 사랑하는 것, 이것이 바로 율법의 정신입니다. 그래서 율법의 완성은 사랑입니다.

로마서 7:7-16

율법으로 드러난 내 죄

안용한

본문 요약

율법은 죄가 아닙니다. 율법이 아니면 죄를 알지 못한 채 내 속의 온갖 탐심을 이룹니다. 그러나 계명이 임하면, 죄가 드러나고 나는 죽을 수밖에 없는 존재임을 깨닫습니다. 결국 율법은 거룩하고 의로우며 선하기에 죄로 심히 죄 되게 합니다. 그러나 나는 육신에 속해 죄 아래 팔려 오히려 내가 미워하는 죄를 행합니다. 이로써 율법이 선하다고 시인하게 됩니다.

질문하기

1. 왜 "율법이 탐내지 말라고 하지 아니하였더라면 탐심을 알지 못하였으리라"고 했을까? (7절)

2. 왜 "원하는 것은 행하지 아니하고 도리어 미워하는 것을 행함이라"고 했을까? (15절)

묵상하기

1. 왜 "율법이 탐내지 말라고 하지 아니하였더라면 탐심을 알지 못하였으리라"고 했을까? (7절)

십계명의 마지막 계명인 "탐내지 말라"는 내면의 죄인 '탐심'을 말합니다. 심리학자들은 탐심이 죄가 아니라고 하지만, 율법은 모든 죄가 내 속의 탐심에서 비롯됨을 알려 줍니다.

어린 시절 저는 모범생으로 공부도 잘했습니다. 그러나 아버지의 계속되는 사업 실패로 할 수 없는 일이 많아지자 돈에 대한 열등감과 피해의식을 내 노력으로 이겨 보려고 했습니다. 이후 예수님을 믿게 되었지만, 금융기관에 취직해 승승장구하며 그렇게 원하던 돈과 성공이 눈앞에 보이니 '내가 더 옳다' 여겼습니다. 돈과 하나님을 동시에 섬기며 찔림이 있었지만, 당시 아내는 우울증과 강박, 갑상샘암 수술로 일상조차 버거워했고 두 아들은 삼수와 재

수 중이었기에 저는 "돈이 있어야 치료도 공부도 할 수 있다"며 합리화했습니다.

내 속에 깊이 뿌리내린 탐심은 때마다 올라왔습니다. 돈을 더 벌고 싶은 마음에 성과급을 더 주겠다는 회사로 옮기려 했고, 내 회사를 차리고 싶은 욕심을 '비전'이라 포장하며 말씀을 통해 주시는 경고도 애써 무시했습니다. 어렵고 힘든 일만 공동체에 나누고, 돈으로 해결할 수 있다고 생각되면 나누지 않았습니다. 일로 스트레스가 쌓이면 '어쩔 수 없다' 하며 술과 음란으로 회피하기를 반복했습니다. 내 속에 조금도 포기하고 싶지 않았던 욕심의 죄악을 율법으로 깨닫기만 했을 뿐입니다(7-8절).

2. 왜 "원하는 것은 행하지 아니하고 도리어 미워하는 것을 행함이라"고 했을까? (15절)

은혜받고 말씀대로 살기를 결단하지만, 내 삶의 현장에서는 도리어 미워하는 게으름, 뇌물, 거짓말, 중독, 외도 등을 행합니다. 그러면서도 죄를 짓지 말아야 한다고 생각하는 것은 율법, 곧 말씀이 선을 알려 주기 때문입니다.

날마다 큐티를 하니 고객의 유익보다 내 유익을 위해 금융상품을 권하는 것에 점점 찔림이 커져 괴로웠습니다. 하지만 돈을 포기하지 못했습니다. 결국 두 번이나 투자에 실패하는 사건을 겪었습니다. 첫 사건에서 하나님은 큐티 말씀을 통해 제게 '교만하다'(삼하 22:28) 하셨고, 1년 뒤 사건에서는 '양심이 죽은 행실'(히 9:14)이라고 책망하셨습니다. '내 욕심이 나를 죽게 만든다'(13절)는 것을 깨달았지만 도저히 성과급을 포기할 수 없었습니다. '미워만 해도 살인이라는 예수님의 엄격한 기준을 지킬 자가 세상에 있겠나'며 어릴 때의 가난을 핑계 삼았습니다. 이렇듯 저는 스스로 속이고 죄의 기만에 넘어간 영적 나병환자가 되어 죽음을 향해 달려갔습니다(11절).

그러다 2020년 장로가 되면서 고객과 함께한 투자가 생각지도 못한 외국 정부의 수입 정책 변경으로 망하는 사건이 왔습니다. 자그마치 백억이 넘는 돈이었습니다. '육이 죽는 만큼 영이 세워진다'고 하셨는데 망하는 사건과 함께 제 모든 인간적인 욕구가 제로(0)가 되는 경험을 했습니다. 그리고 그날 예수님을 믿고도 17년간 못 끊던 술이 단번에 끊어졌습니다. 이 십자가 사건이 제게 계명으로 임하여 죄로 심히 죄 되게 해 주신 것입니다(13절).

그 주 주일 목사님께서 "영적 성숙"(요일 2:12-17)에 관해 설교해 주셨습니다. 신앙에는 '아이의 단계', '청년의 단계'가 있다고 하셨습니다. 그리고 한때는 육신을 좇았지만 주님의 마음을 알고 영적 성숙을 이룬 바울처럼, 영적 자녀를 낳는 '아비의 단계'로 들어가라고 하셨습니다. 저는 흐르는 눈물을 주체할 수 없었습니다. 그리고 열흘 뒤인 2020년 1월 1일 새벽 4시, 포항의 한 고등부 학생을 심방할 기회가 생겼습니다. 섬김으로 새해를 시작하게 하신 것이 우연이 아니라, 말씀대로 이루어짐을 확증해 주시는 사건으로 여겨졌습니다.

지금 저는 교회 청소년부를 섬기며, 직장에서 문지기 역할을 하는 포로의 시간을 보내고 있습니다. 제게 꼭 맞는 고난이 축복이 되어 내 노력과 의지, 세상의 어떤 가치보다 말씀이 우선이라는 것을 인정하게 해 주신 하나님, 감사합니다.

적용하기

- 매일 죄가 살아나고 나는 죽는 큐티를 하며, 꼭 한 가지 구체적인 적용을 하겠습니다.
- 고객의 책망을 주님의 음성으로 듣고 합당한 금융상품의 범위에서 상담하겠습니다.

기도하기

주님, 돈이 우상이 되어 내 죄를 합리화했고, 율법을 알아 가는 만큼 더 교만해져서 나도 속고 남도 속였습니다. 무엇보다 복음을 전하라고 붙여 주신 고객들에게 씻을 수 없는 상처와 예수님에 대한 불신을 심게 만든 죄인 중의 괴수입니다. 용서해 주옵소서. 고난이 축복이 되어 십자가 사랑을 알게 하신 은혜로 이제는 예수님과 바울을 닮아 가는 인생이 되게 도와주옵소서.

 **돌아보기** Nursing　주제 도서 읽고 나누기

- 『**모든 남자의 참을 수 없는 유혹**』(스티븐 아터번 외 2명, 좋은씨앗)을 읽고, 독후감을 작성해 봅시다.

 **살아내기** Keeping　한 주의 실천 과제와 매일 큐티

- **생활 숙제**

  남자 – 성적 자극으로부터 눈을 피하는 훈련을 구체적으로 해 보고 느낀 점을 작성해 봅시다.

  여자 – 배우자를 다른 사람과 비교하는 모습은 없는지 돌아본 후, 배우자와 진정으로 연합하기 위해 구체적으로 적용할 점을 작성해 봅시다.

- **매일 큐티**　매일 큐티를 통해 나 자신과 가정, 공동체를 어떻게 지키고자 했는지 돌아봅시다.

성구 암송과 교리 요약

절망의 고백이 있는 성도

24 오호라 나는 곤고한 사람이로다 이 사망의 몸에서 누가 나를 건져내랴 로마서 7:24

하나님은 예수 그리스도의 대속적인 죽음으로 그를 믿는 모든 자의 죄를 용서하시고, 그리스도를 아는 지식과 은혜 가운데 자라게 하십니다.

죄는 살리고 나는 죽이는 율법

9 전에 율법을 깨닫지 못했을 때에는 내가 살았더니 계명이 이르매 죄는 살아나고 나는 죽었도다 로마서 7:9

하나님의 말씀을 모르면 죄를 지었어도 죄의식도 없이 내 뜻대로 살지만, 말씀이 임하면 죄가 무엇인지를 깨닫고 나는 죽는 은혜를 경험합니다.

인생의 목적이 구원이 되려면 십자가 고난을 잘 받고, 잘 죽어져야 합니다.
고난도 하나님 나라의 일로 여기며 약속하신 성령을 잘 기다려야 합니다.

06

보혜사 성령

약속하신 것을 기다리라

사도행전 1:1-8

보혜사 성령

약속하신 것을 기다리라 사도행전 1:1-8

마음 열기 Telling   마음을 열고 생각을 나누는 시간

- 간절히 이루어지길 바라는 약속이 있습니까? 아니면 누군가를 간절히 기다려 본 기억이 있습니까?
- 주일/수요 설교를 듣고 느낀 점을 나눠 봅시다.

말씀 읽기 Holifying   깊은 묵상을 위한 질문과 답

1. 생명의 성령의 법 (로마서 8:1-2)

1 그러므로 이제 그리스도 예수 안에 있는 자에게는 결코 정죄함이 없나니 2 이는 그리스도 예수 안에 있는 생명의 성령의 법이 죄와 사망의 법에서 너를 해방하였음이라

- 그리스도 예수 안에 있는 자에게 정죄함이 없다는 것은 무슨 뜻입니까? (1절)

⌘ 나를 정죄하고 남을 심판하며 우울함과 분노와 사망의 법에 사로잡혀 있습니까? 이제는 하나님의 심판에서 해방되었기에 누구도 심판하지 않고, 내 잘못을 인정하며 생명의 성령의 법대로 살고 있습니까?

2. 영의 생각은 생명과 평안 (로마서 8:5-6)

5 육신을 따르는 자는 육신의 일을, 영을 따르는 자는 영의 일을 생각하나니 6 육신의 생각은 사망이요 영의 생각은 생명과 평안이니라

● 육신의 생각과 영의 생각은 구체적으로 어떤 것을 말합니까? (5-6절)

3. 죽을 몸도 살리시는 성령 (로마서 8:9-10)

9 만일 너희 속에 하나님의 영이 거하시면 너희가 육신에 있지 아니하고 영에 있나니 누구든지 그리스도의 영이 없으면 그리스도의 사람이 아니라 10 또 그리스도께서 너희 안에 계시면 몸은 죄로 말미암아 죽은 것이나 영은 의로 말미암아 살아 있는 것이니라

● 죄로 말미암아 죽은 몸이 어떻게 살아납니까? (10절)

⌘ 위기에 처한 가정, 직장, 이웃에게 무엇보다도 그리스도의 영이 임하기를 기도합니까? 더 나은 환경이나 자신이 아니라 그리스도 안에서 죽었다가 살아난 새 생명으로 세상이 놀라는 순종과 헌신을 보여 주고 있습니까?

11 예수를 죽은 자 가운데서 살리신 이의 영이 너희 안에 거하시면 그리스도 예수를 죽은 자 가운데서 살리신 이가 너희 안에 거하시는 그의 영으로 말미암아 너희 죽을 몸도 살리시리라 12 그러므로 형제들아 우리가 빚진 자로되 육신에게 져서 육신대로 살 것이 아니니라 13 너희가 육신대로 살면 반드시 죽을 것이로되 영으로써 몸의 행실을 죽이면 살리니

1) 죽을 몸을 어떻게 살리십니까? (11절)

2) 하나님의 사랑에 빚진 자입니까, 육신에 빚진 자입니까? (12절)

3) 영으로 몸의 행실을 죽이려면 어떻게 해야 합니까? (13절)

5. '아빠'라고 부르짖게 하는 양자의 영 (로마서 8:14-16)

14 무릇 하나님의 영으로 인도함을 받는 사람은 곧 하나님의 아들이라 15 너희는 다시 무서워하는 종의 영을 받지 아니하고 양자의 영을 받았으므로 우리가 아빠 아버지라고 부르짖느니라 16 성령이 친히 우리의 영과 더불어 우리가 하나님의 자녀인 것을 증언하시나니

• 양자의 영을 받은 자는 무엇이 다릅니까? (15절)

26 이와 같이 성령도 우리의 연약함을 도우시나니 우리는 마땅히 기도할 바를 알지 못하나 오직 성령이 말할 수 없는 탄식으로 우리를 위하여 친히 간구하시느니라 27 마음을 살피시는 이가 성령의 생각을 아시나니 이는 성령이 하나님의 뜻대로 성도를 위하여 간구하심이니라

1) 왜 우리는 마땅히 기도할 바를 알지 못한다고 합니까? (26절)

2) 성령님은 어떻게 성도의 마음을 알고 간구하십니까? (27절)

1 데오빌로여 내가 먼저 쓴 글에는 무릇 예수께서 행하시며 가르치시기를 시작하심부터 2 그가 택하신 사도들에게 성령으로 명하시고 승천하신 날까지의 일을 기록하였노라 3 그가 고난 받으신 후에 또한 그들에게 확실한 많은 증거로 친히 살아 계심을 나타내사 사십 일 동안 그들에게 보이시며 하나님 나라의 일을 말씀하시니라 4 사도와 함께 모이사 그들에게 분부하여 이르시되 예루살렘을 떠나지 말고 내게서 들은 바 아버지께서 약속하신 것을 기다리라 5 요한은 물로 세례를 베풀었으나 너희는 몇 날이 못되어 성령으로 세례를 받으리라 하셨느니라 6 그들이 모였을 때에 예수께 여쭈어 이르되 주께서 이스라엘 나라를 회복하심이 이 때니이까 하니 7 이르시되 때와 시기는 아버지께서 자기의 권한에 두셨으니 너희가 알 바 아니요 8 오직 성령이 너희에게 임하시면 너희가 권능을 받고 예루살렘과 온 유대와 사마리아와 땅 끝까지 이르러 내 증인이 되리라 하시니라

1. 십자가와 부활을 체험해야 합니다(1-3절).

예수님의 삶과 죽음, 부활은 바로 구원의 이야기입니다. 앞서 쓴 누가복음을 보면 예수님은 행하시고 가르치시며 성령의 인도하심을 따라 모든 사역을 하셨습니다. 그리고 우리의 구원을 위해 십자가에서 수치와 조롱을 당하시고, 죽으시고 승천하셨습니다. 잘 죽어야 승천합니다. 우리도 인생의 목적이 구원이 되려면 십자가 고난을 잘 받고, 잘 죽어져야 합니다. 고난도 하나님 나라의 일로 여기며 약속하신 성령을 잘 기다려야 합니다. 나아가 예수님이 고난받으신 후에 확실한 많은 증거로 친히 살아 계심을 나타내신 것처럼 우리도 '고난 받은 후에'가 중요합니다. 고난에서 살아난 '확실한 많은 증거'로 하나님 나라의 일을 선포해야 합니다. 그리할 때 사람들을 하나님께로 인도할 수 있습니다. 십자가와 부활을 체험한 자들만이 하나님 나라의 일을 말할 수 있기 때문입니다.

2. 사도에게 분부하십니다(4a절).

구원 사역이 교회를 통해 계속되어야 하기에 사도의 역할은 매우 중요합니다. 예수님이 아무나 사도로 세우신 것이 아니라, 친히 택하시고, 부르시고, 훈련시키셨습니다. 주님의 사역을 계승하려면 성령을 받아 증인으로서 능력을 갖추는 것이 시급했습니다. 그래서 주님은 사도들에게 명하시고 분부하시며 끊임없이 그들을 양육하셨습니다. 오늘날은 '만인 사도 시대'입니다. 하나님께서 예수 그리스도를 통해 우리에게도 은혜와 사도의 직분을 주셨습니다(롬 1:5). 그러므로 십자가와 부활을 경험하고 구원을 받은 사람이라면 누구라도 사도가 될 수 있습니다. '나는 사도 못해', '아무것도 할 줄 몰라' 이런 변명을 해서는 안 됩니다. 내 능력으로 순종하는 것이 아닙니다. 부활의 주님을 믿기에 분부에 순종하며 약속하신 성령을 기다리는 것입니다.

3. 예루살렘을 떠나지 말아야 합니다(4b절).

예루살렘은 이스라엘 백성이나 제자들에게 좋은 기억의 장소가 아닙니다. 아브라함이 이삭을 바쳤던 모리아 산이 있고, 다윗의 인구조사로 많은 백성이 전염병으로 죽은 뒤 제사를 드렸던 오르난의 타작마당이 있는 곳입니다. 무엇보다 예수님이 그곳에서 돌아가셨고, 제자들이 예수님을 버리고 도망친 배반의 장소였습니다. 인간적으로 보면 슬픔과 고통이 가득한 곳입니다. 그런데 성령이 임하여 그 비극의 장소가 온 세상을 구원한 골고다 언덕이 되었습니다. 그렇기에 하나님 나라의 증인이 될 사람은 성령이 임할 때까지 예루살렘을 떠나지 않아야 합니다. 약속하신 말씀을 기억하며 내 슬픔의 자리, 고난의 자리를 잘 지켜야 합니다.

4. 성령 세례를 받아야 합니다(5-7절).

예수님이 제자들에게 예루살렘을 떠나지 말라고 하신 이유는 몇 날이 못 되어 그들이 성령 세례를 받을 것이기 때문입니다. 성령 세례란 죄악 된 본성에서 벗어나 하나님의 성품을 닮은 새로운 사람으로 거듭나는 은혜입니다. 신앙에도 연륜이 필요합니다. 자기를 부인하고 자기 십자가를 지고 예수님을 따르는 훈련을 거쳐야 합니다. 그 시작이 성령 세례입니다.

5. 증인이 되어야 합니다(8절).

성령이 임하면 내 생각이 하나님의 생각으로 바뀝니다. 주님의 부활이 나의 사건이 됩니다. 그러면 우리가 권능을 받게 됩니다. 진정한 권능은 용서하고 사랑할 수 있는 능력입니다. 이 권능으로 부활의 증인이 되는 것입니다. 재판장에서 가장 위력을 발휘하는 사람은 증인입니다. 증인은 사건 현장에 있었다는 것만으로도 엄청난 영향력을 가집니다. 지금 나의 환경 역시 부활의 증인이 되라고 하나님께서 고르고 골라서 주신 것입니다. 증인의 사명은 별다른 게 없습니다. 주어진 환경에서 자기를 부인하고 자기 십자가를 지며 순종하면 됩니다. 과장하거나 포장하지 않고 있는 그대로 내가 보고 들은 것을 증언하면 됩니다.

내 죄가 보일 때, 더 이상 내 환경이 부끄럽지 않게 되고, 있는 그대로 부활의 주님을 전하는 권능이 임합니다. 우리는 그 권능을 받아서 가장 힘든 곳에서부터 땅끝까지 주님의 증인이 되어야 합니다.

약속대로 구원해 주신 은혜

장해연

본문 요약

예수님은 부활하신 후, 택하신 사도들에게 예루살렘을 떠나지 말고 약속하신 것을 기다리라고 분부하십니다. 너희가 몇 날이 못되어 성령으로 세례를 받으리라고 하십니다. 사도들이 이스라엘 나라를 회복하심이 이 때인지 묻자 때와 시기는 너희가 알 바 아니라고 하십니다. 오직 성령이 너희에게 임하시면 너희가 권능을 받고 내 증인이 되리라고 말씀하십니다.

질문하기

1. 왜 예수님은 사도들에게 예루살렘을 떠나지 말고 아버지께서 약속하신 것을 기다리라고 하셨을까? (4절)
2. 왜 예수님은 오직 성령이 너희에게 임하시면 너희가 권능을 받고 내 증인이 되리라고 하셨을까? (8절)

묵상하기

1. 왜 예수님은 사도들에게 예루살렘을 떠나지 말고 아버지께서 약속하신 것을 기다리라고 하셨을까? (4절)

예수님의 고난과 십자가의 죽음, 그리고 부활은 바로 구원의 이야기입니다. 이 구원의 증인이 되기 위해서는 약속하신 말씀을 기억하며 성령이 임하기까지 내 슬픔과 고난의 자리인 예루살렘을 떠나지 말아야 합니다.

　어려서부터 교회를 다니고 선교단체에서 훈련도 받았지만, 말씀과 상관없이 살다 보니 불신결혼하여 '예루살렘'을 속히 떠났습니다. 그러면서도 '하나님을 잘 믿어 복을 주셨다'고 합리화했습니다. 그런 저를 보다 못한 하나님께서 남편의 실직으로 제 삶에 제동을 걸어 주셨지만, 저는 그저 문제가 풀리기만 기도했습니다. 하지만 실직 기간이 길어지자 뭔가 대단한 적용을 해야겠다는 생각에 시부모님과 같이 살기로 결정했습니다. 그러나 날마다 쏟아지는 시부모님의 질책은 남편의 실직과는 비교도 안 되는 고통이었습니다. 그때『날마다 큐티하는 여자』라는 책을 읽고, 구속사의 말씀을 묵상하는 공동체로 인도되었습니다. 그렇게 참석한 큐티 모임에서 '네 고난의 장소인 예루살렘을 떠나지 말라'(4절)는 예수님의 분부를 가슴에 새겼습니다. 그 후 불신결혼으로 주님을 배반한 내 죄를 눈물로 회개하며 하나님을 모르는 남편과 시부모님의 구원을 위해 기도하며 기다릴 수 있었습니다.

그러던 중 시아버님이 췌장암 진단을 받으셨습니다. 그날 큐티 본문인 여부스 성이 다윗 성이 되었다는 말씀(삼하 5:6-10)이 시아버님을 구원해 주시겠다는 약속으로 믿어졌습니다. 그러나 1년 3개월 동안 아무 일도 일어나지 않았습니다. 그럼에도 십자가와 부활을 체험한 지체들이 전해 주는 하나님 나라의 일을 날마다 보고 듣다 보니 '약속하신 것을 기다리라'는 말씀을 붙잡고 며느리의 자리에서 인내하며 순종할 수 있었습니다.

2. 왜 예수님은 오직 성령이 너희에게 임하시면 너희가 권능을 받고 내 증인이 되리라고 하셨을까? (8절)

성령이 임하면 권능을 받게 됩니다. 진정한 권능은 용서할 수 있는 능력, 사랑할 수 있는 능력입니다. 자기를 부인하며 십자가 지고 내 환경에 순종하면 그것이 일파만파 퍼져서 증인의 역할을 하게 됩니다.

그날이 번개같이 찾아왔습니다. 저는 임종을 앞둔 시아버님께 "교회 다니는 시어머님을 다른 종교로 바꾸라고 하신 아버님을 미워했다"고, "저를 용서해 주시라"고, "아버님을 사랑한다"고 고백했습니다. 아버님은 두 팔을 머리 위로 올려 사랑 표시를 해 주셨습니다. 그리고 아버님에게 회개의 영이 임하길 간구하는 제 기도에 표정과 손짓으로 회개하는 표징을 보여 주신 후 천국에 입성하셨습니다. 주의 이름을 부르며 약속하신 구원을 이뤄 주시길 기도하며 기다렸더니 하나님의 때에 시아버님이 예수님을 영접하게 되었습니다.

이 모든 것은 오직 값없이 베푸신 주님의 은혜입니다(롬 3:24). 그리고 장례 예배 때 '지존자의 아들로 살라'(시 82:6)는 말씀을 아버님의 유언으로 받아들인 불신자 남편이 "예배드리는 인생이 되라"는 권면에 "아멘"으로 화답하며 새 생명을 얻었습니다.

내 열심과 불신결혼으로 죽을 수밖에 없던 죄인이었지만, 주님의 긍휼로 시집살이의 고난을 통해 말씀이 들리는 은혜를 주셨습니다. 이제 성령의 증인으로 살게 해 주시니 얼마나 감사한지 모릅니다. 아직 예배의 자리에 잘 나오지 않는 둘째 아들을 보면 눈물만 납니다. 하지만 구원이 아닌 야망을 좇으며 살았던 제 교만을 회개하고, 제가 죽은 뒤라도 주님이 아들을 방문해 주실 것을 믿으며 잘 기다리겠습니다.

적용하기

- 선택을 앞두고 갈등하는 지체에게 예루살렘을 속히 떠났던 저의 간증을 나누겠습니다.
- 둘째 아들과 공동체 자녀들의 예배 회복을 위해 함께 기도하겠습니다.

기도하기

주님, 교회를 다녔어도 하나님 나라의 언어인 성경을 제대로 알지 못해 두려워만 했습니다. 시집살이 고난을 통해 말씀이 들려 내 죄를 직면하게 하시고, 약속하신 말씀대로 시아버지와 남편을 구원해 주시니 감사합니다. 이제는 주님의 증인으로 사명을 잘 감당하며, 약속을 기다리는 다른 지체들을 잘 도울 수 있도록 성령님께서 도와주옵소서.

 **돌아보기** Nursing 주제 도서 읽고 나누기

- 『**이것이 성령님이다**』(A. W. 토저, 규장)를 읽고, 독후감을 작성해 봅시다.

 **살아내기** Keeping 한 주의 실천 과제와 매일 큐티

- **생활 숙제** 나의 예루살렘, 곧 내가 떠나지 말아야 할 힘든 곳은 어디입니까? 그 곳에서 내가 적용해야 할 일(언제, 어디서 등 구체적으로)은 무엇인 지 나눠 봅시다.
- **매일 큐티** 매일 큐티를 통해 한 주간 나 자신과 가정, 공동체를 어떻게 지키고 자 했는지 돌아봅시다.

성구 암송과 교리 요약

성도의 연약함을 도우시고 간구하시는 성령님

26 이와 같이 성령도 우리의 연약함을 도우시나니 우리는 마땅히 기도할 바를 알지 못하나 오직 성령이 말할 수 없는 탄식으로 우리를 위하여 친히 간구하시느니라

로마서 8:26

죄인에게 죄를 깨닫게 하고 그들을 중생시켜 하나님의 자녀로 만드시는 성령님은 우리로 하여금 그리스도를 닮은 성품과 섬김으로 나아가도록 인도하십니다.

약속하신 성령의 증인

8 오직 성령이 너희에게 임하시면 너희가 권능을 받고 예루살렘과 온 유대와 사마리아와 땅 끝까지 이르러 내 증인이 되리라 하시니라 사도행전 1:8

성령받고 권능받아 내 가정에서부터 증인이 되어야 합니다. 이를 위해 살아 계시며 역사하시는 하나님을 신뢰하며 약속하신 성령을 잘 기다려야 합니다.

팔복은 구원을 주시는 하나님의 능력을 경험함으로
어떠한 환경에서도 주님 때문에 기뻐하며 천국을 누리는 것입니다.

07

제자도

팔복을 누리는 삶

마태복음 5:3-12

07 제자도

팔복을 누리는 삶 마태복음 5:3-12

마음 열기 Telling 마음을 열고 생각을 나누는 시간

- '복'이라고 하면 무엇이 먼저 떠오릅니까? 어떤 복을 받고 싶은지 나눠 봅시다.
- 주일/수요 설교를 듣고 느낀 점을 나눠 봅시다.

말씀 읽기 Holifying 깊은 묵상을 위한 질문과 답

1. 예배의 복 (창세기 1:20-23)

20 하나님이 이르시되 물들은 생물을 번성하게 하라 땅 위 하늘의 궁창에는 새가 날으라 하시고 21 하나님이 큰 바다 짐승들과 물에서 번성하여 움직이는 모든 생물을 그 종류대로, 날개 있는 모든 새를 그 종류대로 창조하시니 하나님이 보시기에 좋았더라 22 하나님이 그들에게 복을 주시며 이르시되 생육하고 번성하여 여러 바닷물에 충만하라 새들도 땅에 번성하라 하시니라 23 저녁이 되고 아침이 되니 이는 다섯째 날이니라

- 생육하고 번성하는 복은 무엇입니까? (22절)

____

____

⌘ 내가 품기로 결단해야 하는 힘든 사람은 누구입니까? 그로 인해 하나님만 바라보는 복을 누리고 있습니까?

2. 팔복을 누리는 삶 (마태복음 5:1-2)

1 예수께서 무리를 보시고 산에 올라가 앉으시니 제자들이 나아온지라 2 입을 열어 가르쳐 이
르시되

- 팔복을 누리기 위한 전제 조건은 무엇입니까? (1-2절)

⌘ 몸과 마음의 병을 고침받고 예수께 나아갑니까? 건강해진 몸으로 나 자신만을 위해 살면서 시간과 물질을 헌신하지 못하는 무리 속에 있지는 않습니까?

3. '화 있을진저'의 삶 (마태복음 23:13-32)

13 화 있을진저 외식하는 서기관들과 바리새인들이여 너희는 천국 문을 사람들 앞에서 닫
고 너희도 들어가지 않고 들어가려 하는 자도 들어가지 못하게 하는도다 14 (없음) 15 화 있
을진저 외식하는 서기관들과 바리새인들이여 너희는 교인 한 사람을 얻기 위하여 바다와
육지를 두루 다니다가 생기면 너희보다 배나 더 지옥 자식이 되게 하는도다 16 화 있을진저
눈 먼 인도자여 너희가 말하되 누구든지 성전으로 맹세하면 아무 일 없거니와 성전의 금으
로 맹세하면 지킬지라 하는도다 17 어리석은 맹인들이여 어느 것이 크냐 그 금이냐 그 금을
거룩하게 하는 성전이냐 18 너희가 또 이르되 누구든지 제단으로 맹세하면 아무 일 없거니
와 그 위에 있는 예물로 맹세하면 지킬지라 하는도다 19 맹인들이여 어느 것이 크냐 그 예물
이냐 그 예물을 거룩하게 하는 제단이냐 20 그러므로 제단으로 맹세하는 자는 제단과 그 위
에 있는 모든 것으로 맹세함이요 21 또 성전으로 맹세하는 자는 성전과 그 안에 계신 이로

맹세함이요 22 또 하늘로 맹세하는 자는 하나님의 보좌와 그 위에 앉으신 이로 맹세함이니라 23 화 있을진저 외식하는 서기관들과 바리새인들이여 너희가 박하와 회향과 근채의 십일조는 드리되 율법의 더 중한 바 정의와 긍휼과 믿음은 버렸도다 그러나 이것도 행하고 저것도 버리지 말아야 할지니라 24 맹인 된 인도자여 하루살이는 걸러 내고 낙타는 삼키는도다 25 화 있을진저 외식하는 서기관들과 바리새인들이여 잔과 대접의 겉은 깨끗이 하되 그 안에는 탐욕과 방탕으로 가득하게 하는도다 26 눈 먼 바리새인이여 너는 먼저 안을 깨끗이 하라 그리하면 겉도 깨끗하리라 27 화 있을진저 외식하는 서기관들과 바리새인들이여 회칠한 무덤 같으니 겉으로는 아름답게 보이나 그 안에는 죽은 사람의 뼈와 모든 더러운 것이 가득하도다 28 이와 같이 너희도 겉으로는 사람에게 옳게 보이되 안으로는 외식과 불법이 가득하도다 29 화 있을진저 외식하는 서기관들과 바리새인들이여 너희는 선지자들의 무덤을 만들고 의인들의 비석을 꾸미며 이르되 30 만일 우리가 조상 때에 있었더라면 우리는 그들이 선지자의 피를 흘리는 데 참여하지 아니하였으리라 하니 31 그러면 너희가 선지자를 죽인 자의 자손임을 스스로 증명함이로다 32 너희가 너희 조상의 분량을 채우라

1) 첫 번째 화는 무엇입니까? (13절)

____

____

____

⌘ 다른 사람들이 천국에 들어가도록 돕고 있습니까, 아니면 학식이 부유해서 천국 문을 닫고 있습니까? 모르면서 안다고 외식하는 것이 있습니까? 가족과 지체들에게 솔직합니까?

2) 두 번째 화는 무엇입니까? (15절)

____

____

____

⌘ 영혼 구원을 위해 애통합니까? 하나님의 열심보다 지나친 특심으로 나의 자녀를, 지체들을 지옥 자식이 되게 하지는 않습니까? 영혼을 그리스도께 인도하지 않고 내 자식, 내 교인이 되게 하고 있지는 않습니까?

3) 세 번째 화는 무엇입니까? (16-22절)

____

____

____

⌘ 영혼에 대한 사랑과 관심 없이 금과 예물만 강조하지는 않습니까? 나의 유익을 위해 말씀을 교묘히 해석해서 적용하지는 않습니까? 내 잘못을 감추기 위해 경건해 보이는 겉모습으로 위장한 적은 없습니까?

4) 네 번째 화는 무엇입니까? (23-24절)

____

____

⌘ 의에 주리고 목마르지 않아서 정의와 긍휼과 믿음을 버리고 목숨을 거는 사소한 것
은 무엇입니까? 주님의 경고에도 굳은 마음으로 돌이키지 못한 것이 있습니까? 병
이 낫고 돈이 생기는 복이 아니라 믿음으로 가치관이 변하는 진정한 복을 누리고 있
습니까?

5) 다섯 번째 화는 무엇입니까? (25-26절)

____

____

____

6) 여섯 번째 화는 무엇입니까? (27-28절)

____

____

____

7) 일곱 번째 화는 무엇입니까? (29-32절)

____

____

____

3 심령이 가난한 자는 복이 있나니 천국이 그들의 것임이요 4 애통하는 자는 복이 있나니 그들이 위로를 받을 것임이요 5 온유한 자는 복이 있나니 그들이 땅을 기업으로 받을 것임이요 6 의에 주리고 목마른 자는 복이 있나니 그들이 배부를 것임이요 7 긍휼히 여기는 자는 복이 있나니 그들이 긍휼히 여김을 받을 것임이요 8 마음이 청결한 자는 복이 있나니 그들이 하나님을 볼 것임이요 9 화평하게 하는 자는 복이 있나니 그들이 하나님의 아들이라 일컬음을 받을 것임이요 10 의를 위하여 박해를 받은 자는 복이 있나니 천국이 그들의 것임이라 11 나로 말미암아 너희를 욕하고 박해하고 거짓으로 너희를 거슬러 모든 악한 말을 할 때에는 너희에게 복이 있나니 12 기뻐하고 즐거워하라 하늘에서 너희의 상이 큼이라 너희 전에 있던 선지자들도 이같이 박해하였느니라

1. 심령이 가난한 자는 복이 있습니다(3절).

'가난하다'는 '웅크리다'에서 유래한 말입니다. 스스로 할 수 있는 게 없어서 구걸에 의존해야 하는 사람, 괴롭힘과 고난을 당하고 더는 기댈 곳이 없는 사람, 겸손하려고 노력하지 않아도 겸손할 수밖에 없는 사람이 바로 주님이 말씀하시는 가난한 자입니다. 그러므로 내 힘으로는 아무것도 할 수 없어서 손들고 주께로 나아가게 하는 가난하고 애통한 환경이 복입니다.

2. 심령이 가난한 자는 애통하는 자입니다(4절).

가난함은 애통함과 같이 옵니다. 가난해야 애통합니다. 부유하면 애통하기가 하늘의 별 따기입니다. 내가 구걸할 수밖에 없는 자이고, 어쩔 수 없는 죄인임을 깨달을 때 애통하며 하나님의 위로를 받게 됩니다.

3. 온유한 자는 땅을 기업으로 받습니다(5절).

'온유'는 짐승을 길들일 때 쓰는 말로 '길들여져 주인 뜻대로 사는 것'을 의미합니다. 내가 짐승만도 못하다는 것을 날마다 인정하며, 하나님께 길들여지고 하나님의 뜻대로 살고자 하는 사람이 온유한 사람입니다. 온유는 성품이 아닙니다. 진정한 온유는 진리를 붙드는 것이고 그러기 위해서 순교까지도 감당하는 강함입니다. 십자가를 경험한 온유는 내게 많은 재주와 은사와 능력과 지위와 권세가 있을지라도, 예수님의 능력만 드러나게 하는 것입니다. 억울한 일을 당할 때도 내가 나서서 해결하지 않고 예수님의 능력이 나타나도록 기다리는 것입니다.

4. 의에 주리고 목마른 자는 배부를 것입니다(6절).

의(義)는 하나님의 뜻이 내게 이루어지는 것입니다. 의의 개념을 모르기 때문에 우리는 행복, 돈, 애정, 남편, 아내, 자녀의 성적에 주립니다. 그러나 하나님의 뜻에 주리고 목마를 때 하나님은 반드시 채워 주십니다. 하나님의 의를 더욱 사모하도록 나를 가난하고 애통하게 만드는 사람과 환경이 축복입니다. 현재의 고난은 잠깐이기 때문입니다.

5. 긍휼히 여기는 자는 긍휼히 여김을 받습니다(7절).

긍휼은 창자가 끊어지듯이 아파하는 것을 말합니다. 마음으로 불쌍해하고 염려하는 데서 끝나지 않고 직접 찾아가 상처를 보듬어 주고 문제를 해결하도록 돕는 것입니다.

6. 마음이 청결한 자는 하나님을 볼 것입니다(8절).

마음이 청결하다는 것은 욕심 없는 빈 마음이나 행위의 청결만을 의미하지 않습니다. 자기 죄를 고백하며 흘리는 눈물이 우리의 마음을 청결하게 합니다. 날마다 세상과 하나님 사이에서 갈등할 수밖에 없는 자신을 인정하고, 나의 연약과 죄 때문에 아파하며 하나님을 의지하는 자가 청결한 자입니다.

7. 화평하게 하는 자는 하나님의 아들이라 일컬음을 받습니다(9절).

천국에 속한 사람은 화평하게 하는 자입니다. 하나님의 아들이신 예수 그리스도가 나를 위해 죽으심으로 하나님과 나 사이에 화목제물이 되어 주셨기에 우리도 누군가를 위해 화목제물이 되는 것이 주님이 맡기신 사명입니다. 단순히 갈등을 피하며 화평을 유지하는 데 그치지 않고, 적극적으로는 갈등과 다툼과 원망의 자리에 들어가 화목제물의 역할을 해야 합니다. 일시적인 화평이 깨지더라도 순종과 헌신으로 복음을 전할 때 비로소 진정한 화평이 이루어집니다. 이를 위해 십자가를 질 때 예수 믿는 사람, 하나님의 아들이라 일컬음을 받습니다.

주님의 말씀을 듣고 팔복대로 사는 사람에게 기다리는 것은 다름 아닌 박해입니다. 그런데 그 박해 속에서 "기뻐하고 즐거워하라"고 하십니다. 내가 믿음 때문에 박해를 받을 때 즐거워하는 것, 이것이 천국이고 부활입니다. 주님으로 인해 박해받지만, 환경을 초월하시는 주님 때문에 기뻐하고 즐거워하는 것이 하나님의 백성, 즉 주님의 제자가 갈 길입니다.

내게 베푸신 팔복의 은혜

최혁일

본문 요약

자신에게 나아온 제자들을 향해 예수께서 입을 열어 가르치십니다. 심령이 가난한 자는 천국이 그들의 것이며, 애통하는 자는 위로를 받을 것이며, 온유한 자는 땅을 기업으로 받을 것입니다. 의에 주리고 목마른 자는 배부를 것이며, 긍휼히 여기는 자는 긍휼히 여김을 받으며, 마음이 청결한 자는 하나님을 볼 것입니다. 화평하게 하는 자는 하나님의 아들이라 일컬음을 받을 것이며, 의를 위하여 박해를 받은 자는 천국이 그들의 것입니다.

질문하기

1. 왜 심령이 가난한 자는 천국이 그들의 것이라고 하셨을까? (3절)
2. 왜 마음이 청결한 자는 하나님을 볼 것이라고 하셨을까? (8절)

묵상하기

1. 왜 심령이 가난한 자는 천국이 그들의 것이라고 하셨을까? (3절)

예수께서 무리를 보시고 산에 올라가 앉으시니 제자들이 그곳까지 나아옵니다. 예수님을 따르기로 작정한 제자들에게 주님은 진정한 복에 대해 가르쳐 주십니다. 첫째로 심령이 가난한 사람은 천국이 그들의 것이라고 하십니다.

가난하여 무시당하는 부모님을 보며 '나는 꼭 성공한 인생을 살겠다' 결심하고 공부에 매진했습니다. 그러면서도 인생의 끝에 있을 아득한 공허감이 두려워 수능을 앞둔 고3 여름에 친구를 따라 교회에 다니기 시작했습니다. 그러나 명문대에 합격하자 교회 동기들의 소소한 삶의 나눔이 무시가 되어 교회를 떠났습니다. 반대로 똑똑하고 잘사는 대학 동기들의 모습에는 위축되어 술과 담배, 게임에 빠져 수년간 방황했습니다.

가난해진 심령에 하나님께서는 학과 동기를 통해 다시 말씀으로 찾아오셨고, 다시 들은 복음은 꿀맛 같았습니다(3절). '앞으로는 결코 교회를 떠나지 않으리라' 다짐하며 모든 공예배와 공동체 모임을 사수했고, 청년부에서 아내를 만나 결혼도 했습니다.

그러나 전문의가 되고 성공이 가시권에 접어들자 악하고 음란한 본성대로 유흥업소를 드나들며 쾌락을 즐겼습니다. 법조인인 아내도 일에 빠져 우리 부부는 말씀을 떠나 각자의 야망대로 살았습니다. 급기야 산후풍과 뇌수막염에 직장까지 그만둔 우울한 아내가 나의 성공에 방해된다며 시험관 시술로 힘들게 태어난 첫째 아들과 함께 버려두고 혼자 지방에 내려가 병원을 개원했습니다.

오로지 병원이 잘되어 부유해지기만 바랐기에 저는 모든 일에 예민하게 반응하며 비정상적인 불안에 빠졌습니다. 술과 음란으로 그 스트레스를 풀며 지옥 같은 삶을 살았습니다. 그즈음 교회 공동체의 도움으로 살아난 아내는 가정을 살리는 적용으로 제가 있는 지방으로 내려왔습니다. 아내와 목장 지체들의 도움으로 저도 다시 교회 공동체에 속해 말씀을 듣게 되었습니다. 말씀을 통해 나의 불안장애와 우울증이 가정까지 버린 내 욕심의 결론임이 인정되어 회개하게 되었습니다. 다시 가정과 말씀 공동체를 귀히 여기며 천국을 사모하니 하나님께서는 자연임신을 통해 둘째 아들을 허락해 주셨습니다(3절).

2. 왜 마음이 청결한 자는 하나님을 볼 것이라고 하셨을까? (8절)

예수님은 제자들에게 마음이 청결한 사람은 하나님을 볼 것이라고 말씀하십니다. 단지 욕심이 없거나 행위가 깨끗하다고 마음이 청결하다고 말할 수는 없습니다. 하나님 앞에서 청결한 사람은 자신이 죄인임을 인정하고 회개하는 사람입니다.

교회 공동체의 도움으로 가정이 다시 세워졌지만, 저는 음란한 실체를 철저히 숨기려 했습니다. 아내 몰래 음란을 즐기면서도 이를 들키지 않으려고 여러 가지 속임수를 썼습니다. 돈과 시간적 여유가 생길수록 음란은 마음 깊숙이 파고들었습니다. 그렇게 숨기고 가릴 것이 많아지니, 영적인 눈과 귀가 닫혀 하나님의 말씀을 보지도 듣지도 못하게 되었습니다(8절).

속지 않으시는 하나님은 저를 불쌍히 여기셔서 경찰이신 목자님을 통해 제 음란이 드러나게 하셨습니다. 이후 말씀과 양육을 통해 제 악함을 드러내고 끊어내는 훈련을 받게 하셨습니다. 아내와 공동체를 통해 제가 더러운 죄인임을 하나님 앞에서 고백하며 비로소 청결하게 되는 은혜를 누리게 되었습니다(8절). 그러자 하나님은 저를 목자로 불러 주셔서 계속 말씀 앞에 서 있게 하셨습니다. 그리고 제가 보고 만난 하나님, 저와 우리 가정을 살리신 하나님을 다른 가정에 증거할 수 있는 은혜를 주셨습니다.

적용하기

- 병원에 출근하면 먼저 기도하고 진료 대기실에 신앙 서적을 비치하겠습니다.
- 아내가 소그룹 모임에서 제 잘못을 말할 때 감사히 경청하겠습니다.

기도하기

주님, 인생의 성공을 돈과 쾌락에서 찾고자 했던 제게 그 허무함을 알게 해 주셔서 감사합니다. 저는 돌아온 탕자이면서도 또다시 배신하여 떠났던 죄인입니다. 그럼에도 끝까지 불쌍히 여기셔서 좋은 아내와 공동체를 통해 다시 살려 주심에 감사드립니다. 여전히 돈이 우상이고 행복이 목적인 제 모습을 회개하오니, 말씀을 통해 하나님을 뵈옵고 천국을 누리는 복된 가정이 되게 도와주옵소서.

돌아보기 Nursing 주제 도서 읽고 나누기

- 『**큐티하는 자는 복이 있나니**』(김양재, QTM)를 읽고, 독후감을 작성해 봅시다.

살아내기 Keeping 한 주의 실천 과제와 매일 큐티

- **생활 숙제** 팔복 중에서 가장 실천해 보고 싶은 두 가지를 정해 구체적으로 적용한 후, 느낀 점을 작성해 봅시다.
- **매일 큐티** 매일 큐티를 통해 한 주간 나 자신과 가정, 공동체를 어떻게 지키고자 했는지 돌아봅시다.

성구 암송과 교리 요약

복의 근원

22 하나님이 그들에게 복을 주시며 이르시되 생육하고 번성하여 여러 바닷물에 충만하라 새들도 땅에 번성하라 하시니라 창세기 1:22

복의 근원이신 하나님을 예배하고 말씀에 순종함으로 하나님과의 관계가 회복된 언약 백성만이 주님이 주시는 생육하고 번성하는 복을 경험하게 됩니다.

천국을 누리는 삶

3 심령이 가난한 자는 복이 있나니 천국이 그들의 것임이요 …… 10 의를 위하여 박해를 받은 자는 복이 있나니 천국이 그들의 것임이라 마태복음 5:3, 10

팔복은 구원을 주시는 하나님의 능력을 경험함으로 어떠한 환경에서도 주님 때문에 기뻐하며 천국을 누리는 것입니다.

구원의 사명을 감당하려면 항상 권할 말이 준비되어 있어야 합니다.

기회가 주어졌을 때 놓치지 않고 내 삶에 녹아든 간증으로

나를 구원하신 예수님의 이야기를 들려주어야 합니다.

08

영혼 구원

성령의 구속사

사도행전 13:14-23

 **08 영혼 구원**

성령의 구속사 사도행전 13:14-23

마음 열기 Telling   마음을 열고 생각을 나누는 시간

- 내가 겪은 가장 큰 손해는 무엇입니까? 그것은 내 욕심 때문입니까, 구원을 위한 손해입니까?
- 주일/수요 설교를 듣고 느낀 점을 나눠 봅시다.

말씀 읽기 Holifying   깊은 묵상을 위한 질문과 답

1. 최고의 가치, 영혼 구원 (마태복음 8:30-34)

30 마침 멀리서 많은 돼지 떼가 먹고 있는지라 31 귀신들이 예수께 간구하여 이르되 만일 우리를 쫓아 내시려면 돼지 떼에 들여 보내 주소서 하니 32 그들에게 가라 하시니 귀신들이 나와서 돼지에게로 들어가는지라 온 떼가 비탈로 내리달아 바다에 들어가서 물에서 몰사하거늘 33 치던 자들이 달아나 시내에 들어가 이 모든 일과 귀신 들린 자의 일을 고하니 34 온 시내가 예수를 만나려고 나가서 보고 그 지방에서 떠나시기를 간구하더라

1) 왜 귀신들이 돼지 떼에 들어가려고 합니까? (30-32절)

____

____

____

⌘ 서로를 외롭게 하고 사납게 만드는 쾌락과 거짓의 귀신이 들렸습니까? 돈과 명성의 돼지 떼가 몰살되어서라도 배우자와 자녀가 구원되기를 전심으로 기도합니까?

2) 왜 사람들은 예수님이 떠나시기를 간구합니까? (33-34절)

____

____

____

⌘ 귀신 들린 자 같던 가족과 지체가 구원받고 변화된 것을 보면서 함께 기뻐합니까? 암과 부도의 고난으로 주님을 만났다는 간증을 들으면, "예수 믿는 것은 좋은데 암과 가난은 생각하기도 싫다"면서 주님이 떠나시기를 간구하지는 않습니까?

2. 영혼 구원의 직분 (로마서 11:13-14)

13 내가 이방인인 너희에게 말하노라 내가 이방인의 사도인 만큼 내 직분을 영광스럽게 여기노니 14 이는 혹 내 골육을 아무쪼록 시기하게 하여 그들 중에서 얼마를 구원하려 함이라

1) 왜 바울은 자신의 사도 직분을 영광스럽게 여깁니까? (13절)

____

____

⌘ 나의 직업과 지위로 무엇을 좇고 있습니까? 넓은 아파트, 명문 학벌, 존경과 명성을 추구합니까? 다른 사람의 구원을 위해 사용하기로 결단합니까?

2) 왜 바울은 골육을 시기하게 해서라도 구원하려고 합니까? (14절)

____

____

____

3. 오직 구원 때문에 사는 인생 (마태복음 12:11-12)

11 예수께서 이르시되 너희 중에 어떤 사람이 양 한 마리가 있어 안식일에 구덩이에 빠졌으면 끌어내지 않겠느냐 12 사람이 양보다 얼마나 더 귀하냐 그러므로 안식일에 선을 행하는 것이 옳으니라 하시고

● 왜 예수님은 "사람이 양보다 얼마나 더 귀하냐"라고 말씀하십니까? (12절)

____

____

____

4. 잃은 양을 찾는 사람이 큰 자 (마태복음 18:11-14)

11 (없음) 12 너희 생각에는 어떠하냐 만일 어떤 사람이 양 백 마리가 있는데 그 중의 하나가

길을 잃었으면 그 아흔아홉 마리를 산에 두고 가서 길 잃은 양을 찾지 않겠느냐 13 진실로
너희에게 이르노니 만일 찾으면 길을 잃지 아니한 아흔아홉 마리보다 이것을 더 기뻐하리
라 14 이와 같이 이 작은 자 중의 하나라도 잃는 것은 하늘에 계신 너희 아버지의 뜻이 아니
니라

- 왜 한 마리 잃은 양을 찾는 것이 더 기쁩니까? (13절)

5. 영혼 구원을 위한 애통함 (마태복음 20:1-16)

1 천국은 마치 품꾼을 얻어 포도원에 들여보내려고 이른 아침에 나간 집 주인과 같으니
2 그가 하루 한 데나리온씩 품꾼들과 약속하여 포도원에 들여보내고 3 또 제삼시에 나가 보
니 장터에 놀고 서 있는 사람들이 또 있는지라 4 그들에게 이르되 너희도 포도원에 들어가
라 내가 너희에게 상당하게 주리라 하니 그들이 가고 5 제육시와 제구시에 또 나가 그와 같
이 하고 6 제십일시에도 나가 보니 서 있는 사람들이 또 있는지라 이르되 너희는 어찌하여
종일토록 놀고 여기 서 있느냐 7 이르되 우리를 품꾼으로 쓰는 이가 없음이니이다 이르되
너희도 포도원에 들어가라 하니라 8 저물매 포도원 주인이 청지기에게 이르되 품꾼들을 불
러 나중 온 자로부터 시작하여 먼저 온 자까지 삯을 주라 하니 9 제십일시에 온 자들이 와서
한 데나리온씩을 받거늘 10 먼저 온 자들이 와서 더 받을 줄 알았더니 그들도 한 데나리온씩
받은지라 11 받은 후 집 주인을 원망하여 이르되 12 나중 온 이 사람들은 한 시간밖에 일하지
아니하였거늘 그들을 종일 수고하며 더위를 견딘 우리와 같게 하였나이다 13 주인이 그 중의

한 사람에게 대답하여 이르되 친구여 내가 네게 잘못한 것이 없노라 네가 나와 한 데나리온의 약속을 하지 아니하였느냐 14 네 것이나 가지고 가라 나중 온 이 사람에게 너와 같이 주는 것이 내 뜻이니라 15 내 것을 가지고 내 뜻대로 할 것이 아니냐 내가 선하므로 네가 악하게 보느냐 16 이와 같이 나중 된 자로서 먼저 되고 먼저 된 자로서 나중 되리라

1) 왜 포도원 주인은 이른 아침부터 품꾼을 찾습니까? (1-6절)

____

____

____

※ 무엇을 위해 부지런합니까? 영혼 구원을 위해 새벽부터 저녁까지 장터에 나가 봅니까? 전도할 때 어떤 약속을 하며, 그 약속을 잘 지킵니까? 나가 보지도 않거나, 나가서도 복음이 필요한 사람을 외면하지는 않습니까? 교양 때문에 복음을 전하지 못하는 사람은 아닙니까?

2) 왜 포도원 주인은 먼저 온 자이든 나중에 온 자이든 똑같이 한 데나리온씩 주라고 합니까? (8-9절)

____

____

____

3) 왜 먼저 온 자들은 포도원 주인과 거래하려고 합니까? (10-12절)

____

____

____

**4) 왜 포도원 주인(하나님)은 불평을 쏟아 놓던 사람에게 '친구'라 하시고, 나중 된 자가
먼저 된다고 하십니까? (13-16절)**

____

____

____

6. 영혼 구원의 열매 (마태복음 21:18-19)

18 이른 아침에 성으로 들어오실 때에 시장하신지라 19 길 가에서 한 무화과나무를 보시고 그리로 가사 잎사귀 밖에 아무 것도 찾지 못하시고 나무에게 이르시되 이제부터 영원토록 네가 열매를 맺지 못하리라 하시니 무화과나무가 곧 마른지라

● 왜 무화과나무를 보시고 영원토록 열매를 맺지 못하리라고 말씀하십니까? (19절)

____

____

____

7. 생명 낳기 운동 (요한계시록 22:2b)

2b …… 강 좌우에 생명나무가 있어 열두 가지 열매를 맺되 달마다 그 열매를 맺고 그 나무 잎사귀들은 만국을 치료하기 위하여 있더라

● 강 좌우에 있는 생명나무의 역할은 무엇입니까? (2b절)

____

____

____

주제 본문

사도행전 13:14-23

---

14 그들은 버가에서 더 나아가 비시디아 안디옥에 이르러 안식일에 회당에 들어가 앉으니라 15 율법과 선지자의 글을 읽은 후에 회당장들이 사람을 보내어 물어 이르되 형제들아 만일 백성을 권할 말이 있거든 말하라 하니 16 바울이 일어나 손짓하며 말하되 이스라엘 사람들과 및 하나님을 경외하는 사람들아 들으라 17 이 이스라엘 백성의 하나님이 우리 조상들을 택하시고 애굽 땅에서 나그네 된 그 백성을 높여 큰 권능으로 인도하여 내사 18 광야에서 약 사십 년간 그들의 소행을 참으시고 19 가나안 땅 일곱 족속을 멸하사 그 땅을 기업으로 주시기까지 약 사백오십 년간이라 20 그 후에 선지자 사무엘 때까지 사사를 주셨더니 21 그 후에 그들이 왕을 구하거늘 하나님이 베냐민 지파 사람 기스의 아들 사울을 사십 년간 주셨다가 22 폐하시고 다윗을 왕으로 세우시고 증언하여 이르시되 내가 이새의 아들 다윗을 만나니 내 마음에 맞는 사람이라 내 뜻을 다 이루리라 하시더니 23 하나님이 약속하신 대로 이 사람의 후손에서 이스라엘을 위하여 구주를 세우셨으니 곧 예수라

1. 준비된 자는 권할 말이 있습니다(14-16절).

비시디아 안디옥에 도착한 바울은 안식일에 곧장 회당에 들어가 앉습니다. 회당 장들이 그에게 "권할 말이 있거든 말하라" 하자 일어나 손짓하며 유대인과 이방인들에게 설교를 시작합니다. 바울이 조금의 망설임도 없이 말씀을 전할 수 있었던 것은 어디를 가든지, 누구 앞에서든지 복음을 위해 권할 말이 항상 준비되어 있었기 때문입니다. 바울은 과거에 자신이 그랬던 것처럼 구약의 하나님밖에 모르고 율법을 교리로만 믿고 따르는 유대교인들을 보며 안타깝게 여깁니다. 그래서 율법을 교리가 아닌 진리로 전하며 그들을 구원하시는 예수님의 이야기를 들려줍니다. 바울의 이 설교는 구속사의 핵심이자 이스라엘 사람과 나아가 온 인류가 들어야 할 말씀입니다. 우리도 구원의 사명을 감당하려면 항상 권할 말이 준비되어 있어야 합니다. 기회가 주어졌을 때 놓치지 않고 내 삶에 녹아든 간증으로 나를 구원하신 예수님의 이야기를 들려주어야 합니다.

2. 하나님이 우리를 택하셨습니다(17절).

바울은 하나님께서 이스라엘을 택하시고 애굽에서 나그네 된 그 백성을 높여 큰 권능으로 인도하신 구속사를 전합니다. 그 과정을 자세히 되짚어 보면 하나님은 아브라함의 두 아들 중에서 연약한 이삭을, 이삭의 두 아들 중에서는 여자 좋아하고 돈 좋아하며 거짓말과 사기에 능한 야곱을 택하셨습니다. 이처럼 하나님은 연약한 자를 택하여 구속사를 이뤄 가십니다. 나아가 하나님은 그들을 젖과 꿀이 흐르는 가나안 땅으로 부르셨지만, 이스라엘은 그곳의 바알 숭배에 빠져서 헤어나지 못했습니다. 그래서 요셉을 팔려 가게 하심으로 이스라엘을 애굽으로 이주시키셨습니다. 그러나 그곳에서 가증히 여김을 받게 하여 강대국 애굽의 문화에 섞이지 않게 하셨습니다. 애굽으로 내려갈 때는 겨우 70명에 불과했던 이스라엘이 애굽에서 4백 년 사는 동안 이백만 명에 달하는 엄청난 번성을 이루었습니다. 그러나 애굽은 그들이 영원히 머물 땅이 아니었습니다. 한데 이스라엘 백성은 어땠습니까? 노예 취급을 받아도 애굽이 좋아서 아무도 떠날 생각을 하지 않았습니다. 애굽 왕조가 바뀌고 학대가 시작되자 비로소 "여기서만 벗어나게 해 주세요!" 하고 하나님께 부르짖습니다. 이에 하나님은 구원자 모세를 보내 주셔서 높은 팔로 그들을 인도해 내셨습니다. 택하시고 큰 권능으로 인도해 내신, 이 모든 역사를 '하나님이' 이루셨습니다. 이스라엘은 한 일이 아무것도 없습니다.

3. 끝이 없는 하나님의 참으심이 있습니다(18-22절).

하나님께서 이스라엘 백성을 높은 팔로 인도해 내셨음에도 불구하고, 그들은 40년 광야 길에서 수없이 하나님과 모세를 원망하고 배반했습니다. 하나님은 그들의 소행을 참으시면서 어머니가 자녀를 품에 안아 사랑으로 돌보듯이 그들을 끝까지 인도하셨습니다. 이스라엘이 가나안 땅을 차지하기까지 애굽에서 사백 년, 광야 사십 년, 정복 전쟁 십 년, 무려 450여 년의 시간을 참으시고 또 참으셨습니다. 하지만 하나님의 백성은 이후 여호수아 사후부터 사무엘에 이르기까지 사사 시대가 지속되는 약 350년 동안 자기 소견에 옳은 대로 행했습니다. 그럼에도 하나님은 "우리에게도 왕을 달라"며 인간 왕을 구하는 백성에게 사울을 허락하시고, 또 40년을 참으셨습니다. 그러다 결국 사울을 폐하시고 다윗을 왕으로 세우셨습니다.

4. 약속대로 예수님을 세우십니다(23절).

바울이 여러 조상의 이름을 언급한 것은 구속사의 정점인 예수님을 소개하기 위함입니다. 하나님은 약속대로 다윗의 후손에서 이스라엘의 구원자이신 예수님을 세우셨습니다. 그들이 수없이 하나님을 배반했음에도 불구하고, 이스라엘은 하나님이 택하신 백성이기 때문입니다. 그들을 구원하는 것이 하나님의 약속이자 계획이기 때문입니다. 우리의 구원을 위해 약속대로 세우신 예수를 믿어야 우리도 구속사를 온전히 이해할 수 있습니다. 가장 큰 죄는 예수를 믿지 않는 것입니다. 하나님의 마음에 합한 자는 이 구속사를 깨닫고, 사명으로 인식하는 사람입니다. 100% 죄인인 나를 구원하신 하나님의 구속사로 내 인생을 간증하며 구원의 사명을 감당해야 합니다.

이단에서 인도해 내신 하나님

김동호

본문 요약

바울이 비시디아 안디옥 회당에서 말합니다. 이스라엘의 하나님이 조상들을 택하시고 애굽에서 인도하여 내사 광야에서 약 사십 년 동안 그들의 소행을 참으시고, 가나안 일곱 족속을 멸하시고 그 땅을 기업으로 주셨습니다. 사사들을 주신 후 사울을 왕으로 주셨다가 폐하시고 다윗을 세우셨고, 그의 후손에서 이스라엘을 위하여 구주를 세우셨는데 곧 예수입니다.

질문하기

1. 왜 하나님은 이스라엘 백성을 택하시고 애굽 땅에서 큰 권능으로 인도하여 내시고 광야에서 약 사십 년간 그들의 소행을 참으셨을까? (17-18절)
2. 왜 하나님은 다윗을 왕으로 세우시고 그 후손에서 예수를 구주로 세우셨을까? (22-23절)

묵상하기

1. 왜 하나님은 이스라엘 백성을 택하시고 애굽 땅에서 큰 권능으로 인도하여 내시고 광야에서 약 사십 년간 그들의 소행을 참으셨을까? (17-18절)

하나님은 우상을 섬기던 아브라함을 택하시고, 연약한 이삭, 여자와 돈을 좋아하고 거짓말쟁이에 사기꾼인 야곱을 택하셨습니다. 하나님은 그들과 맺은 언약을 이루시기 위해 애굽에서 나그네 된 백성을 큰 권능으로 인도하시고 광야에서 참으시며 그 언약을 포기하지 않으시는 신실함을 보여 주십니다.

저는 3대째 모태신앙인으로 어릴 적부터 교회를 다녔습니다. 그러나 기복적인 신앙에

불과해 성경을 더 잘 알면 신앙생활을 더 잘할 수 있다는 빗나간 욕심에 몰두했습니다. 그 래서 분별없이 이단 교리에도 관심을 갖고 결국 이단에 빠졌습니다. 이단 단체에서 교주를 재림주로 믿으며 영적 노예로 무려 11년이라는 시간을 보냈습니다. 진리를 찾는 줄 알았지 만 오히려 진리에서 떠났고, 거짓 안에서 왜곡된 열심을 내며 점점 더 하나님과 멀어졌습니 다. 그러나 하나님께서는 애굽과 같은 그곳에서 저를 큰 권능으로 인도해 내셨습니다(17절). 한 방송국에서 그 단체의 비리를 보도했는데, 그 내용은 빙산의 일각에 지나지 않았지만 단 체 내분이 일어나기에 충분했고 그때 많은 사람이 그곳에서 나왔습니다.

그렇게 이단에서 나와 많은 교회를 찾아다녔지만, 어느 교회에서도 정착하지 못했습니 다. 많이 안다는 영적 교만에 싸여 목사님의 설교와 성도들의 삶이 신앙적으로 미흡하다고 판단했기 때문입니다. 영적 은사를 표방하는 기도원에도 기웃거리면서 여전히 기복적이고 특별한 것을 찾아다니며 오랫동안 방황했습니다. 자녀들에게 "으뜸이 되라" 하며 교육에도 집착하고, 부동산에 투기하며 세상 성공을 찾아다니던 그 시간은 마치 영적 광야 같았습니 다. 그러나 하나님은 저의 구원을 위해 모든 수고를 헛되게 하시며, 제가 주님께 돌아오도록 참으시며 기다려 주셨습니다(18절).

2. 왜 하나님은 다윗을 왕으로 세우시고 그 후손에서 예수를 구주로 세우셨을까? (22-23절)

다윗은 유부녀 밧세바와 간음하고 그 사실을 은폐하기 위해 밧세바의 남편 우리아를 죽이 는 죄를 지었습니다. 그럼에도 불구하고 죄를 깨달았을 때 그는 철저히 회개했습니다. 나아 가 그는 하나님의 뜻을 묻는 자였기에 모든 왕의 기준이 되었습니다. 그리고 약속하신 대로 다윗의 후손에서 이스라엘을 위하여 구주를 세우셨습니다.

이단에서 잃어버린 시간을 어떻게든 빨리 회복하고 싶어서 부동산에 무리하게 투기하 고, 자녀 교육에 많은 시간과 물질을 쏟아부었습니다. 하지만 그 모든 노력은 제 기대와 다르 게 흘러갔고, 오히려 손해와 좌절만 남았습니다. 절망의 끝자락에서 부르짖었을 때, 하나님은 제 기도를 들으시고 진솔한 나눔이 있고 구속사 말씀이 있는 교회 공동체로 인도해 주셨습니다. 기복의 특별함만을 찾던 제가 구속사를 알아 가며, 가장 평범한 것이 가장 비범한 것임을 깨닫게 되었습니다. 그리고 내 죄를 고백하고 회개하는 말씀 묵상을 통해 그동안 말할 수 없었던 부끄러운 부분을 공동체 앞에 내어놓고 나눌 수 있게 되었습니다.

이렇게 제가 회개하고 돌아설 수 있었던 것은 전적으로 신실하신 하나님의 택하심과 인도하심과 오래 참으심 때문이었습니다. 인간적으로는 실패처럼 보였던 모든 사건이 오히려 저를 하나님께로 이끄는 도구가 된 것입니다. 다윗을 택하여 구주의 길을 예비하셨듯이, 하나님께서 연약하고 흠 많은 저를 택하여 구원해 주시고, 저를 구원의 통로로 사용해 주십니다. 부족한 자를 통해 뜻을 이루어 가시는 하나님께 감사드립니다.

적용하기

- 물질 우상과 자녀 우상을 내려놓고 자녀들의 구원을 위해 기도하겠습니다.
- 흠이 많은 나를 길이 참으시고 구원해 주신 하나님의 인애(仁愛)를 간증으로 잘 나누겠습니다.

기도하기

주님, 왜곡된 욕심으로 이단에 빠졌던 죄인을 여러 모양의 사건으로 큰 권능을 베풀어 인도해 내심에 감사드립니다. 어리석어서 내가 좋은 대로 믿고 행했던 악한 소행을 오래 참으사 마침내 믿음의 공동체로 인도해 주신 하나님을 찬양합니다. 제 삶의 간증을 통해 예수님이 구주 되심을 온전히 전할 수 있도록 성령님이 함께하여 주옵소서.

 **돌아보기** Nursing 주제 도서 읽고 나누기

- 『**천국을 누리라**』(김양재, QTM)를 읽고, 독후감을 작성해 봅시다.

 **살아내기** Keeping 한 주의 실천 과제와 매일 큐티

- **생활 숙제** 믿지 않는 가족이나 동료, 친구에게 이번이 마지막 기회라고 생각하고, 나의 구속사 간증을 담아 복음을 전하는 편지를 작성해 봅시다.

- **매일 큐티** 매일 큐티를 통해 한 주간 나 자신과 가정, 공동체를 어떻게 지키고자 했는지 돌아봅시다.

새 생명의 증인

2b 강 좌우에 생명나무가 있어 열두 가지 열매를 맺되 달마다 그 열매를 맺고 그 나무 잎사귀들은 만국을 치료하기 위하여 있더라 요한계시록 22:2b

성령으로 거듭나 새로운 생명을 얻게 된 사람은 하나님의 영광에 합당한 열매를 맺음으로써 그리스도의 증인으로 살아갑니다.

약속하신 구주

23 하나님이 약속하신 대로 이 사람의 후손에서 이스라엘을 위하여 구주를 세우셨으니 곧 예수라 사도행전 13:23

예수를 믿어야 구속사가 이해됩니다. 간음과 살인보다 더한 죄는 예수를 믿지 않는 것입니다. 예수님은 하나님의 약속이고 계획이고 성취입니다.

사명 공동체에는 '믿음이 강한 우리'가 있습니다.

그리고 믿음이 강한 우리는

믿음이 약한 지체의 연약함을 기꺼이 담당합니다.

09

교회론
사명 공동체

로마서 15:1-13

교회론

사명 공동체 로마서 15:1-13

마음 열기 Telling 마음을 열고 생각을 나누는 시간

- 우리 집은 좋은 공동체라고 생각합니까?
- 주일/수요 설교를 듣고 느낀 점을 나눠 봅시다.

말씀 읽기 Holifying 깊은 묵상을 위한 질문과 답

1. 좋은 공동체, 아둘람 공동체 (사무엘상 22:1-2)

1 그러므로 다윗이 그 곳을 떠나 아둘람 굴로 도망하매 그의 형제와 아버지의 온 집이 듣고 그리로 내려가서 그에게 이르렀고 2 환난 당한 모든 자와 빚진 모든 자와 마음이 원통한 자가 다 그에게로 모였고 그는 그들의 우두머리가 되었는데 그와 함께 한 자가 사백 명 가량이었더라

- 환난당하고 빚지고 원통한 자들이 왜 아둘람 굴로 도망한 다윗에게로 모였습니까? (1-2절)

____

____

____

⌘ 환난당하고 빚지고 원통한 자들이 모인 공동체가 좋은 공동체라고 생각합니까?

2. 말씀 공동체 (시편 121:1-2)

[성전에 올라가는 노래]

1 내가 산을 향하여 눈을 들리라 나의 도움이 어디서 올까 2 나의 도움은 천지를 지으신 여호와에게서로다

● 왜 시편 기자는 "나의 도움은 천지를 지으신 여호와에게서로다"라고 고백합니까? (2절)

____

____

3. '내 탓이요' 공동체 (사무엘상 22:20-23)

20 아히둡의 아들 아히멜렉의 아들 중 하나가 피하였으니 그의 이름은 아비아달이라 그가 도망하여 다윗에게로 가서 21 사울이 여호와의 제사장들 죽인 일을 다윗에게 알리매 22 다윗이 아비아달에게 이르되 그 날에 에돔 사람 도엑이 거기 있기로 그가 반드시 사울에게 말할 줄 내가 알았노라 네 아버지 집의 모든 사람 죽은 것이 나의 탓이로다 23 두려워하지 말고 내게 있으라 내 생명을 찾는 자가 네 생명도 찾는 자니 네가 나와 함께 있으면 안전하리라 하니라

● 다윗은 왜 아비아달 집안의 죽음이 자기 탓이라고 합니까? (22절)

____

____

⌘ 다윗처럼 '내 탓'이라고 인정을 잘 합니까, 남의 탓만 하고 있지는 않습니까?

1 믿음이 강한 우리는 마땅히 믿음이 약한 자의 약점을 담당하고 자기를 기쁘게 하지 아니할 것이라 2 우리 각 사람이 이웃을 기쁘게 하되 선을 이루고 덕을 세우도록 할지니라 3 그리스도께서도 자기를 기쁘게 하지 아니하셨나니 기록된 바 주를 비방하는 자들의 비방이 내게 미쳤나이다 함과 같으니라 4 무엇이든지 전에 기록된 바는 우리의 교훈을 위하여 기록된 것이니 우리로 하여금 인내로 또는 성경의 위로로 소망을 가지게 함이니라 5 이제 인내와 위로의 하나님이 너희로 그리스도 예수를 본받아 서로 뜻이 같게 하여 주사 6 한마음과 한 입으로 하나님 곧 우리 주 예수 그리스도의 아버지께 영광을 돌리게 하려 하노라 7 그러므로 그리스도께서 우리를 받아 하나님께 영광을 돌리심과 같이 너희도 서로 받으라 8 내가 말하노니 그리스도께서 하나님의 진실하심을 위하여 할례의 추종자가 되셨으니 이는 조상들에게 주신 약속들을 견고하게 하시고 9 이방인들도 그 긍휼하심으로 말미암아 하나님께 영광을 돌리게 하려 하심이라 기록된 바 그러므로 내가 열방 중에서 주께 감사하고 주의 이름을 찬송하리로다 함과 같으니라 10 또 이르되 열방들아 주의 백성과 함께 즐거워하라 하였으며 11 또 모든 열방들아 주를 찬양하며 모든 백성들아 그를 찬송하라 하였으며 12 또 이사야가 이르되 이새의 뿌리 곧 열방을 다스리기 위하여 일어나시는 이가 있으리니 열방이 그에게 소망을 두리라 하였느니라 13 소망의 하나님이 모든 기쁨과 평강을 믿음 안에서 너희에게 충만하게 하사 성령의 능력으로 소망이 넘치게 하시기를 원하노라

1. 사명 공동체에는 '믿음이 강한 우리'가 있습니다(1-4절).

바울은 "내가 믿음이 강하다"라고 하지 않고 '믿음이 강한 우리'라고 표현합니다. 이처럼 사명 공동체에는 '믿음이 강한 우리'가 있습니다. 믿음이 강한 우리는 믿음이 약한 지체의 연약함을 기꺼이 담당합니다. 믿음이 약한 자는 자기 기쁨을 구하고 이해타산을 따라 사람을 만나지만, 믿음이 강한 자는 그리스도께서 그리하신 것처럼 자기의 기쁨을 구하지 않습니다. 지체들의 기쁨을 위해 십자가를 마다하지 않습니다. 행여 오해와 비방을 받아도 인내합니다. 오직 말씀을 의지함으로 위로를 얻습니다.

2. 사명 공동체는 뜻을 같이합니다(5-6절).

바울은 서로 다투는 일을 그치고 한마음과 한 입으로 하나님께 영광 돌리기를 소원합니다. 한마음과 한 입으로 하나 된 사명 공동체를 이루려면 피차 인내가 필요합니다. 우리를 위해 십자가 지신 그리스도를 본받아 인내하면 하나 될 수 없었던 우리가 서로 뜻을 같이하게 됩니다. 그런데 인내의 길은 험난하여 지치기 마련이기에 하나님의 위로가 필요합니다. 말씀으로 위로받고, 공동체의 위로를 받아야 합니다. 가정과 교회에서 우리가 한마음 한뜻 되어 나아가는 것이 '우리 주 예수 그리스도의 아버지께 영광을 돌리는 것'입니다.

3. 사명 공동체는 서로 용납합니다(7절).

성경의 위대한 믿음의 용사에게도 약점과 허물이 있었습니다. 사도 바울에게도 육체에 가시가 있었습니다(고후 12:7). 누구든지 십자가 외에는 자랑할 것이 없습니다. 먼저 예수님을 믿고, 먼저 교회에 나오고, 먼저 직분을 받았다고 해서 강한 자가 되는 것은 아닙니다. 하나님은 먼저 믿은 유대인에게나 나중에 믿은 이방인에게나 동일하게 긍휼을 베푸십니다. 내가 자랑할 것 없는 죄인임을 알아야 서로를 용납할 수 있습니다. 사랑보다 힘든 것이 용서이지만, 용서하고 용납해야 건강한 사랑을 나눌 수 있습니다. 건강한 사명 공동체를 이룰 수 있습니다.

4. 사명 공동체는 열방으로 지경이 넓어집니다(8-13절).

성경의 목적이 그렇듯이 로마서의 목적도 열방을 향합니다. 하나님은 우리가 강한 자가 되어 열방을 품고 열방 중에서 감사하고 찬양하며 열방에게 전하기를 원하십니다. 그러므로 우리 모두 사명 공동체에 속해서 열방을 향해 나아가야 합니다. '꿈에도 소원은 통일'이 아니라 '열방으로 전해지는 주의 이름'이 우리의 소망이 되어야 합니다. 그 소망을 품기만 하면 소망의 하나님이 모든 기쁨과 평강을 믿음 안에서 충만하게 하십니다.

야망으로 소망 없던 나

박성민

본문 요약

믿음이 강한 우리는 자기를 기쁘게 하지 않으신 그리스도를 본받아 약한 자의 약점을 담당해야 합니다. 그러면 하나님께서 인내와 위로의 소망으로 서로 뜻이 같아지게 하시고 한마음과 한 입으로 하나님께 영광을 돌리게 하십니다. 바울은 모든 열방이 함께 주의 이름을 찬송하게 하기 위해, 소망의 하나님이 기쁨과 평강을 믿음 안에서 너희에게 충만하게 하시기를 원합니다.

질문하기

1. 왜 믿음이 강한 우리는 자기를 기쁘게 하지 아니한다고 하셨을까? (1절)
2. 왜 "열방들아 주의 백성과 함께 즐거워하라"고 하셨을까? (10절)

묵상하기

1. 왜 믿음이 강한 우리는 자기를 기쁘게 하지 아니한다고 하셨을까? (1절)

바울은 '믿음이 강한 우리'라고 하며, 믿음이 약한 자를 위해 자기를 기쁘게 하지 말라고 합니다. 대신, 약한 자의 약점을 담당하고, 선을 이루고 덕을 세우며, 인내와 위로로 소망을 가지고, 그리스도 예수를 본받아 서로 뜻이 같게 되라고 합니다.

저는 공동체에 속해 죄를 깨닫고 예수님을 인격적으로 만나기 전까지 이 말씀을 도무지 이해할 수 없었습니다. 그저 이타적으로 착하게 덕을 세우며 살라는 정도로 가볍게 여겼을 뿐입니다(2절). 내가 먼저 기뻐야 이타적으로 살 힘도 생길 텐데, 왜 자신을 기쁘게 하지 말라는 것인지 전혀 이해하지 못했습니다(1절). 그래서 저만을 기쁘게 하기 위해 주위를 돌아보지 않고 열심히 살았습니다. 믿음의 공동체를 외면하며 영적으로 피폐해지는 것도 모른 채 죽음의 길로 달려갔습니다.

결국 제가 기뻐할 만한 직업을 구했고, 제가 기쁘기 위해 밤잠을 줄여 가며 연구하고 논문을 쓰고 전문가들과 함께 프로젝트를 수행했습니다. 주의 백성과 함께하는 공동체는 안중에 없었습니다. 당연히 인내와 위로의 소망이 무엇인지도 몰랐고(4절), 그리스도 예수를 본받아 뜻이 같게 되어 서로를 받으라는 말씀이 무슨 뜻인지 관심조차 없었습니다(5절). 오직 성공과 부의 축적이 목적이고, 믿음이 아닌 실력이 강한 우리가 되기만 바랐습니다. 주의 이름을 찬송하기보다 제 이름이 칭송받기를 더욱 원했습니다.

이렇게 교회 공동체를 떠나 저 자신만 기쁘게 하려던 삶의 결론은 곧 극명하게 드러났습니다. 술과 연구 스트레스로 인해 고지혈증이 급속도로 악화되어 평생 약을 먹어야 한다는 진단을 받았고, 이석증, 치질, 결석, 디스크 파열 등 다양한 육체의 고난을 겪어야 했습니다(9절).

가장 힘들었던 것은 마흔이 되도록 결혼하지 못한 현실이었습니다. 오직 저만 위하는 이기적인 자였기에 이성에게 전혀 매력적이지 못했고, 행복을 보장해 줄 것 같은 부잣집에 장가가려는 불순한 동기가 번번이 드러났기에, 믿음의 공동체로 오기까지 긴 세월 노총각 신세를 면치 못했습니다. 결국 기쁨, 소망, 즐거움을 다 잃은 채 우울한 나날을 보냈습니다.

2. 왜 "열방들아 주의 백성과 함께 즐거워하라"고 하셨을까? (10절)

한마음과 한 입으로 하나님께 영광을 돌리며 모든 열방들에게 주의 백성과 함께 즐거워하라고 명령하십니다(6, 10절). 이 세상은 주의 백성을 만나야 참된 즐거움을 알 수 있습니다. 주님만이 즐거움의 이유, 찬송의 대상이시기 때문입니다.

야망으로 가득했던 제 삶이 깊은 절망을 향해 달려갈 즈음, 교회에 출석하게 되었습니다. 그리고 곧바로 시작한 양육을 통해 그동안 해석하지 못해 답답했던 인생의 문제를 함께 나누며 숨통이 트였습니다. 그러다 마지못해 끌려간 수련회에서 제 죄가 보였고, 분수령적인 회개를 할 수 있었습니다. 당시 저는 여전히 자신만 기쁘게 하려고 살았기 때문에 여자 친구 와 두 번의 임신, 두 번의 유산 사건을 겪으면서도 전혀 죄인 줄도 모른 채 은밀히 여자 친구 를 끊어 내고자 했습니다. 그런데 똑같은 죄를 고백하며 눈물 흘리는 청년들의 간증을 듣고 저는 매우 큰 충격에 휩싸였습니다. 그날 밤 기도회 시간에 주체할 수 없는 눈물과 함께 회개 하며 돌이켜 살아나는 기적을 체험했습니다.

이후 제 삶은 확연히 달라졌습니다. 먼저 구속사 말씀이 잘 들렸습니다. 큐티를 시작했 고, 모든 예배와 소그룹 모임을 사수했습니다. 그러면서 '주의 백성과 함께 즐거워하는 것'이 무엇인지 알게 되었습니다(10절). 그렇게 지난 20년을 돌이켜 보니, 이 모든 것은 소망의 하나 님께서 기쁨과 평강을 믿음 가운데 제 안에 충만하게 하신 것임을 고백하게 됩니다(13절).

적용하기

- 공동체에 딱 붙어서 예배 때마다 주의 백성들과 함께 하나님을 찬송하겠습니다.
- 세상 성공과 노후 준비에 목매고 있는 지체를 찾아가 제 간증을 나누겠습니다.

기도하기

하나님 아버지, 저만을 기쁘게 하고자 인생을 낭비하고 생명을 죽였던 자입니다. 최선을 다한 다고 합리화하면서 제 만족만 찾은 결론으로 온갖 질병과 황폐한 인생만 남아, 결국 사망의 우 울 가운데 던져졌던 저입니다. 이런 저를 불쌍히 여기셔서 믿음의 공동체로 인도해 주시고, 소 망의 하나님을 찬송하게 하시니 감사합니다. 천국 가는 그날까지 공동체에 딱 붙어서 주의 백 성들과 함께 하나님을 예배하며 기쁨으로 찬송하는 제가 되도록 인도하여 주옵소서.

 **돌아보기** Nursing 주제 도서 읽고 나누기

- 『**1세기 교회 예배 이야기**』(로버트 뱅크스, IVP)를 읽고, 독후감을 작성해 봅시다.

 **살아내기** Keeping 한 주의 실천 과제와 매일 큐티

- **생활 숙제** 다른 사람에게 손해를 끼치더라도 내 기쁨을 우선했던 과거의 모습과 연약한 사람을 영적으로 세우고 있는 현재의 모습을 비교해 보고, 얼마나 달라졌는지 구체적으로 적어 봅시다.

- **매일 큐티** 매일 큐티를 통해 한 주간 나 자신과 가정, 공동체를 어떻게 지키고자 했는지 돌아봅시다.

성구 암송과 교리 요약

공동체적 사명

2 환난 당한 모든 자와 빚진 모든 자와 마음이 원통한 자가 다 그에게로 모였고 그는 그들의 우두머리가 되었는데 그와 함께 한 자가 사백 명 가량이었더라 사무엘상 22:2

예수님이 머리 되신 교회는 그리스도의 백성으로 이루어지며, 하나님의 사랑으로 복음을 누리고 전하는 사명 공동체입니다.

그리스도 안에서의 연합

1 믿음이 강한 우리는 마땅히 믿음이 약한 자의 약점을 담당하고 자기를 기쁘게 하지 아니할 것이라 로마서 15:1

그리스도 안에 있는 모든 자는 진리 가운데 서로 교제하고 영적으로 연합하며, 믿음이 강한 자가 믿음이 약한 자의 약점을 담당합니다.

어떤 재앙도 있어야 할 일이라고 믿으면
육의 종말로 인해 영이 세워지는 구원이 시작됩니다.

10

종말론

그런즉 깨어 있으라

마태복음 24:1-14

10 종말론

그런즉 깨어 있으라 마태복음 24:1-14

마음 열기 Telling   마음을 열고 생각을 나누는 시간

- 끝인 것 같은 고난을 겪어 보았습니까? 그 일을 있어야 할 일이라고 여겼습니까?
- 주일/수요 설교를 듣고 느낀 점을 나눠 봅시다.

말씀 읽기 Holifying   깊은 묵상을 위한 질문과 답

1. 환난을 감하시리라 (마태복음 24:15-28)

15 그러므로 너희가 선지자 다니엘이 말한 바 멸망의 가증한 것이 거룩한 곳에 선 것을 보거든(읽는 자는 깨달을진저) 16 그 때에 유대에 있는 자들은 산으로 도망할지어다 17 지붕 위에 있는 자는 집 안에 있는 물건을 가지러 내려 가지 말며 18 밭에 있는 자는 겉옷을 가지러 뒤로 돌이키지 말지어다 19 그 날에는 아이 밴 자들과 젖 먹이는 자들에게 화가 있으리로다 20 너희가 도망하는 일이 겨울에나 안식일에 되지 않도록 기도하라 21 이는 그 때에 큰 환난이 있겠음이라 창세로부터 지금까지 이런 환난이 없었고 후에도 없으리라 22 그 날들을 감하지 아니하면 모든 육체가 구원을 얻지 못할 것이나 그러나 택하신 자들을 위하여 그 날들을 감하시리라 23 그 때에 사람이 너희에게 말하되 보라 그리스도가 여기 있다 혹은 저기 있다 하여도 믿지 말라 24 거짓 그리스도들과 거짓 선지자들이 일어나 큰 표적과 기사를 보여 할 수만 있으면 택하신 자들도 미혹하리라 25 보라 내가 너희에게 미리 말하였노라 26 그러면 사람들이 너희에게 말하되 보라 그리스도가 광야에 있다 하여도 나가지 말고 보라 골방에 있다 하여도 믿지 말라 27 번개가 동편에서 나서 서편까지 번쩍임 같이 인자의 임함도 그러하리라 28 주검이 있는 곳에는 독수리들이 모일 것이니라

1) 큰 환난은 어느 때에 일어납니까? (21절)

⌘ 내 속에 있는 멸망의 가증한 것, 교회를 다니고 직분이 있어도 냄새나는 가증한 것은
무엇입니까?

2) 큰 환난 가운데 주님이 주신 여러 가지 구원의 길은 무엇입니까? (15-20절)

⌘ 환난 중에 구원받기 위해 급히 산으로 도망합니까? 세상에 미련이 남아 성읍에 머
무릅니까? 바빠서 기도도 못 하고, 직장 때문에 예배도 못 간다고 핑계를 대며 기도
를 소홀히 하지는 않습니까? 큰 환난이 오기 전에 가족의 구원과 양육에 힘쓰고 있
습니까?

3) 택한 자의 구원을 위해 미리 당부하신 말씀은 무엇입니까? (22-28절)

☞ 환난의 기간과 대상과 강도를 정하는 분이 하나님임을 믿습니까? 말씀이 안 들리도록 미혹하는 광야의 그리스도는 무엇입니까? 사람의 아들로 오신 인격적인 예수님을 만났습니까? 환난에 대비해 말씀으로 예방주사를 맞고 있습니까?

2. 인자가 가까이 온 줄 알라 (마태복음 24:29-39)

29 그 날 환난 후에 즉시 해가 어두워지며 달이 빛을 내지 아니하며 별들이 하늘에서 떨어지며 하늘의 권능들이 흔들리리라 30 그 때에 인자의 징조가 하늘에서 보이겠고 그 때에 땅의 모든 족속들이 통곡하며 그들이 인자가 구름을 타고 능력과 큰 영광으로 오는 것을 보리라 31 그가 큰 나팔소리와 함께 천사들을 보내리니 그들이 그의 택하신 자들을 하늘 이 끝에서 저 끝까지 사방에서 모으리라 32 무화과나무의 비유를 배우라 그 가지가 연하여지고 잎사귀를 내면 여름이 가까운 줄을 아나니 33 이와 같이 너희도 이 모든 일을 보거든 인자가 가까이 곧 문 앞에 이른 줄 알라 34 내가 진실로 너희에게 말하노니 이 세대가 지나가기 전에 이 일이 다 일어나리라 35 천지는 없어질지언정 내 말은 없어지지 아니하리라 36 그러나 그 날과 그 때는 아무도 모르나니 하늘의 천사들도, 아들도 모르고 오직 아버지만 아시느니라 37 노아의 때와 같이 인자의 임함도 그러하리라 38 홍수 전에 노아가 방주에 들어가던 날까지 사람들이 먹고 마시고 장가 들고 시집 가고 있으면서 39 홍수가 나서 그들을 다 멸하기까지 깨닫지 못하였으니 인자의 임함도 이와 같으리라

1) 인자가 구름을 타고 능력과 큰 영광으로 오는 것을 보는 때는 언제입니까? (29-30절)

____

____

____

⌘ 해와 달과 별이 떨어진 사건이 있습니까? 그때 어떤 적용을 했습니까? 열 가지 재앙이
  와도 주님의 징조인지 깨닫지 못해 지금도 주께 돌아오지 못하는 부분은 무엇입니까?

2) 주님은 종말을 언급하시면서 왜 그토록 '말씀'을 강조하십니까? (31-35절)

____

____

____

⌘ 해와 달과 별이 떨어지는 사건을 통해 나팔소리 같은 말씀을 들었습니까? 나의 사건
  을 오픈하여 내 가족과 공동체를 살리는 통로로 쓰임받고 있습니까?

3) 왜 그날과 그때는 오직 아버지만 아신다고 합니까? (36-39절)

____

____

____

3. 그런즉 깨어 있으라 (마태복음 25:1-13)

1 그 때에 천국은 마치 등을 들고 신랑을 맞으러 나간 열 처녀와 같다 하리니 2 그 중의 다섯은 미련하고 다섯은 슬기 있는 자라 3 미련한 자들은 등을 가지되 기름을 가지지 아니하고 4 슬기 있는 자들은 그릇에 기름을 담아 등과 함께 가져갔더니 5 신랑이 더디 오므로 다 졸며 잘새 6 밤중에 소리가 나되 보라 신랑이로다 맞으러 나오라 하매 7 이에 그 처녀들이 다 일어나 등을 준비할새 8 미련한 자들이 슬기 있는 자들에게 이르되 우리 등불이 꺼져가니 너희 기름을 좀 나눠 달라 하거늘 9 슬기 있는 자들이 대답하여 이르되 우리와 너희가 쓰기에 다 부족할까 하노니 차라리 파는 자들에게 가서 너희 쓸 것을 사라 하니 10 그들이 사러 간 사이에 신랑이 오므로 준비하였던 자들은 함께 혼인 잔치에 들어가고 문은 닫힌지라 11 그 후에 남은 처녀들이 와서 이르되 주여 주여 우리에게 열어 주소서 12 대답하여 이르되 진실로 너희에게 이르노니 내가 너희를 알지 못하노라 하였느니라 13 그런즉 깨어 있으라 너희는 그 날과 그 때를 알지 못하느니라

1) 왜 미련한 자들은 등을 가지되 기름을 가지지 않았습니까? (1-4절)

____

____

2) 왜 신랑이 더디 온다고 합니까? (5절)

____

____

____

3) 왜 슬기로운 처녀들은 미련한 처녀들에게 기름을 나눠 주지 않습니까? (9절)

____

____

____

4) 왜 주님은 미련한 처녀들에게 너희를 알지 못한다고 하십니까? (11-12절)

____

____

____

마태복음 24:1-14

1 예수께서 성전에서 나와서 가실 때에 제자들이 성전 건물들을 가리켜 보이려고 나아오니 2 대답하여 이르시되 너희가 이 모든 것을 보지 못하느냐 내가 진실로 너희에게 이르노니 돌 하나도 돌 위에 남지 않고 다 무너뜨려지리라 3 예수께서 감람 산 위에 앉으셨을 때에 제자들이 조용히 와서 이르되 우리에게 이르소서 어느 때에 이런 일이 있겠사오며 또 주의 임하심과 세상 끝에는 무슨 징조가 있사오리이까 4 예수께서 대답하여 이르시되 너희가 사람의 미혹을 받지 않도록 주의하라 5 많은 사람이 내 이름으로 와서 이르되 나는 그리스도라 하여 많은 사람을 미혹하리라 6 난리와 난리 소문을 들겠으나 너희는 삼가 두려워하지 말라 이런 일이 있어야 하되 아직 끝은 아니니라 7 민족이 민족을, 나라가 나라를 대적하여 일어나겠고 곳곳에 기근과 지진이 있으리니 8 이 모든 것은 재난의 시작이니라 9 그 때에 사람들이 너희를 환난에 넘겨 주겠으며 너희를 죽이리니 너희가 내 이름 때문에 모든 민족에게 미움을 받으리라 10 그 때에 많은 사람이 실족하게 되어 서로 잡아 주고 서로 미워하겠으며 11 거짓 선지자가 많이 일어나 많은 사람을 미혹하겠으며 12 불법이 성하므로 많은 사람의 사랑이 식어지리라 13 그러나 끝까지 견디는 자는 구원을 얻으리라 14 이 천국 복음이 모든 민족에게 증언되기 위하여 온 세상에 전파되리니 그제야 끝이 오리라

1. 인생의 종말이 있기에 무너질 것을 보아야 합니다(1-5절).

예수님은 화려한 예루살렘 성전이 돌 하나도 돌 위에 남지 않고 무너지는 것을 미리 영의 눈으로 보라고 하십니다. 잘나갈 때 무너질 수 있음을 아는 것이 믿음이고 겸손입니다. 예수님은 무너진다고 하시는데 제자들은 때와 징조에만 관심이 있습니다. 우리는 무너지지 않을 건강, 학벌, 돈과 지위를 절대적으로 믿고 살아갑니다. 그러다 암에 걸리고, 입시에 실패하고, 결혼에 실패하고, 실직을 하면 미혹을 받게 됩니다.

2. 종말은 있어야 할 일입니다(6-8절).

무너질 때 난리 소문을 듣겠지만 두려워하지 말라고 하십니다. 반드시 이런 일이 있어야 하되, 아직 끝이 아니라고 하십니다. 어떤 재앙도 있어야 할 일이라고 믿으면 육의 종말로 인해 영이 세워지는 구원이 시작됩니다. 그런데 하나님께서 허락하신 일로 여기지 않고 내 중심으로 생각하니까 두려움이 엄습합니다.

3. 종말이 오면 사랑이 식습니다(9-12절).

난리 소문, 기근과 지진 때문에 환난이 시작되면 시험에 빠져 서로 죽이고 미워하고 넘겨주고 배신을 당하고 관계가 깨어집니다. 우리의 종말은 사랑이 식는 데서부터 시작합니다. 그러나 사랑이 식어야 우리 삶에 주님의 사랑이 시작됩니다. 예수 이름을 위하여 미움을 받을 때 우리의 종말이 구원의 사건으로 이어집니다.

4. 복음이 전파될 때가 진정한 종말입니다(13-14절).

우리는 이 땅에 복음을 전파하는 사명을 가진 그리스도인입니다. 우리 집안에 아직 복음이 전파되지 않았다면 죽을 수도 없습니다. 복음이 전파되어야 끝입니다. 복음이 전파되기 위해 무너지고 뽑히고 파괴되고 파멸될 일이 있습니다(렘 1:10). 가정마다 죽어 가는 상황에서 복음이 전해집니다. 예수 이름 때문에 미움을 받으면 예수님과 더불어 사는 삶이 시작될 것입니다.

마태복음 24:1-14

화려한 성전이 가루가 될 때까지

김송

본문 요약

예수님은 제자들에게 예루살렘 성전이 돌 하나도 돌 위에 남지 않고 다 무너뜨려지리라고 하십니다. 미혹을 받지 않도록 주의하라고 하시며, 전쟁과 기근과 지진이 있으나 그것이 재난의 시작이라고 하십니다. 환난과 미움과 불법으로 사랑이 식어지지만 끝까지 견디는 자는 구원을 얻고, 천국 복음이 온 세상에 전파될 때 끝이 온다고 하십니다.

질문하기

1. 왜 예수님은 예루살렘 성전이 돌 하나도 돌 위에 남지 않고 다 무너뜨려지리라고 하셨을까? (1-2절)
2. 왜 예수님은 미혹을 받지 않도록 주의하라고 하셨을까? (4절)

묵상하기

1. 왜 예수님은 예루살렘 성전이 돌 하나도 돌 위에 남지 않고 다 무너뜨려지리라고 하셨을까? (1-2절)

아무리 화려한 예루살렘 성전도 반드시 다 무너뜨려지지만 끝이 아닙니다. 이를 통해 인생에 종말이 있음을 깨닫고 회개할 때 구원이 시작됩니다.

제가 의지했던 화려한 성전은 90년대 최고 인기를 누리던 댄스 듀오 멤버였던 남자 친구였습니다. 그와 10년을 사귀는 동안 마음고생이 끊이지 않았고, 힘들 때마다 무당을 찾아 점을 치고 굿을 하기도 했습니다. 저 역시 연예인으로 활동했었지만 빛을 보지 못해 늘 열등감과 두려움이 있었습니다. 그래서 성공한 남자 친구를 더 의지했습니다.

2000년 8월, 스포츠신문 1면에 '10년 열애, 결혼 임박'이란 기사가 실렸고, 저는 프러포

즈를 받으며 '불행 끝! 행복 시작!'을 외쳤습니다. 그러나 그해 11월, 남자 친구는 큰 교통사고를 당해 평생 걸을 수 없는 하반신마비 1급 판정을 받았습니다. 제가 결코 무너지지 않을 거라 자랑하며 가리키던 화려한 성전이 한순간에 무너졌습니다(1-2절).

그러나 이것은 재앙의 시작에 불과했습니다(8절). 내 열심과 사랑으로 남편을 간병하고 섬기리라 다짐했지만, 장애인 남편과 살아가는 현실은 하루하루가 지옥 같았습니다. 날마다 미움과 원망, 생색이 올라왔고, 홀로 이 전쟁을 치르느라 20개가 넘는 위궤양이 생겼습니다. 그렇게 이혼만 생각하며 6년을 보냈습니다. 지나고 보니 그 시간은 내가 자랑하던 성전을 하나님이 철저히 무너뜨리시기 위해 꼭 필요한 시간이었습니다.

그 무렵, 건강하셨던 친정어머니가 급성 말기 암 진단을 받으셨고, 마침내 모든 성전이 무너졌습니다. 불교 신자였던 어머니는 "꼭 하나님 믿고 교회에 찾아가라"는 마지막 유언으로 천국 복음을 전하고 소천하셨습니다(14절). 그렇게 교회에 나간 첫날, 말씀이 나팔소리처럼 들렸습니다. 하나님 대신 남편과 친정어머니, 내 열심을 절대 무너지지 않을 성전처럼 의지했던 내 죄를 보게 되었습니다. 양육을 받으며 제게 복음이 전파되기 위해 이 모든 사건이 있어야 했다는 것도 깨닫게 되었습니다(6절).

2. 왜 예수님은 미혹을 받지 않도록 주의하라고 하셨을까? (4절)

세상과 사람의 미혹을 우리 힘으로 끊어 낼 수 없습니다. 오직 예수 그리스도만이 길이요 생명이심을 인정하고, 무너짐의 사건에서도 주님을 볼 수 있어야 합니다.

신앙생활을 한 지 어느새 20년이 넘어가자, 제 안에 뜨거움은 사라지고 온라인 공동구매 몰을 운영하면서 일과 돈이라는 또 다른 화려한 성전이 자리 잡았습니다. 그 와중에 남편이 상의도 없이 집과 건물을 담보로 큰 금액을 대출받아 친구에게 몽땅 주고 제게 통보하는 사건이 왔습니다.

마치 비단 치마 속에 넝마같이 연예인이라는 화려한 옷을 입었지만 삶은 늘 녹록지 않았습니다. '한번 사는 인생인데 나는 왜 누리지 못할까?' 원망도 많이 했습니다. 그렇게 세상의 미혹을 받아 조금 많이 벌었다 싶으면 명품을 샀고, 미모에 미혹되어 성형외과를 다녔습니다(4절). 그러면서도 통장 잔고가 걱정되었기에 VVIP 고객들에게 잘 보이려고 애쓰며 점점 더 돈과 일에 매였습니다.

결국 오래 참으신 하나님은 화려한 성전을 가루로 빻아 버리듯 남편의 담보 대출 통보에 이어 쇼핑몰의 매출까지 무너뜨리셨습니다. 고객들도 하나둘 떠났습니다. 그제야 하나님이 손보셨다는 것이 인정되었고, 내 힘이 빠지자 남편이 10년 만에 다시 교회에 나오는 은혜를 주셨습니다. 할렐루야! 구원은 전적으로 하나님께 있다는 진리가 믿어졌고, 천국 복음이 온 세상에 전파되는 진짜 끝이 오기까지 안주하지 말고 깨어 있겠다고 다시 결단하게 되었습니다(14절).

적용하기

- 세상 성전을 쌓고 싶은 욕심이 올라올 때마다 예배, 큐티, 기도로 가지치기하겠습니다.
- 아이와 큐티하며 남편의 구원을 위해 함께 기도하고, 가족의 식사를 정성껏 준비하겠습니다.

기도하기

주님, 세상이 전부인 줄 알고 화려한 육의 성전만 쌓던 제 삶에 개입하셔서 돌 하나 남지 않고 다 무너뜨려 주셔서 감사합니다. 그렇게 육이 무너진 자리에서 저를 만나 주시고, 무너지지 않는 영의 성전을 세워 주셨음에도 아직도 세상 욕심과 죄악이 남아 있는 저를 불쌍히 여겨 주옵소서. 날마다 큐티와 기도로 회개하며 가기 원합니다. 제 인생의 모든 종말의 사건을 통해 천국 복음이 전파되도록 인도해 주옵소서.

 **돌아보기** Nursing 주제 도서 읽고 나누기

- 『**내가 너를 아노라**』(김양재, QTM)를 읽고, 독후감을 작성해 봅시다.

 **살아내기** Keeping 한 주의 실천 과제와 매일 큐티

- **생활 숙제** 깨어 있는 삶을 살기 위해 할 수 있는 적용 세 가지를 정해 한 주간 실천해 봅시다.

- **매일 큐티** 매일 큐티를 통해 한 주간 나 자신과 가정, 공동체를 어떻게 지키고자 했는지 돌아봅시다.

성구 암송과 교리 요약

깨어 있는 삶

13 그런즉 깨어 있으라 너희는 그 날과 그 때를 알지 못하느니라 마태복음 25:13

우리는 주님 재림의 때를 알지 못하기에 구원을 위한 개인적 사명과 공동체적 책임을 감당하면서 늘 깨어 있는 삶을 살아야 합니다.

마지막 명령

14 이 천국 복음이 모든 민족에게 증언되기 위하여 온 세상에 전파되리니 그제야 끝이 오리라 마태복음 24:14

성도는 복음을 땅끝까지 전하라는 명령을 받았습니다. 그 사명을 감당할 때 예수 그리스도께서 다시 오셔서 구원과 심판을 완성하십니다.

과제물 작성 요령 및 예시

1. 주제 큐티

10주 동안 매주 정해진 성경 본문을 묵상합니다. 본문을 요약하고, 두 가지 질문을 뽑고, 그 질문을 중심으로 묵상한 뒤 제목을 정합니다. 묵상한 내용을 바탕으로 적용하기, 말씀으로 기도하기를 작성합니다.

제목

자신만의 제목을 정합니다. 각 과의 제목과 동일한 제목을 피하고, 본문 요약을 더욱 축약해 한두 단어로 정해도 좋습니다. 가능한 본문에 나온 단어를 사용하되 자신의 스토리가 생각나도록 정합니다.

예) 검은 마음 (X), 성령 충만하여 (X), 돌을 던지고 있는 나 (O)

본문요약

주제 본문을 세 줄 정도로 요약합니다. 성경에서 언급하지 않은 단어나 자기 해석을 피하고, 조사 정도만 바꿔서 현재형으로 씁니다. 내 생각대로 말씀을 묵상하지 않도록 주의합니다. 말씀을 짧게 요약하기 위해 본문을 여러 번 묵상하며 내 생각을 가지치기하고, 말씀의 핵심이 무엇인지 생각해 봅니다.

질문하기

본문에서 두 가지 질문을 뽑습니다. 질문을 하나만 뽑으면 자기가 생각하고 싶은 부분에만 사로잡힐 위험이 있습니다. 성경 본문에서 가장 중요하다고 생각하는 질문과 자신에게 가장 중요하다고 생각하는 질문을 하나씩 뽑습니다. '왜'를 넣어 성경 구절을 그대로 인용해 질문합니다. 말씀으로 나를 바라보고, 말씀이 나를 읽어 가도록 하는 훈련이 큐티입니다.

- 왜 예수님은 한 배에 오르셨을까? (3절)
- 왜 예수님은 시몬에게 깊은 데로 가서 그물을 내려 고기를 잡으라고 하셨을까? (4절)
- 왜 시몬 베드로는 "나는 죄인이로소이다"라고 했을까? (8절)
- 왜 그들은 모든 것을 버려두고 예수를 따랐을까? (11절)

- 성경 본문과 상관없는 질문을 뽑는 것
- '나'라는 1인칭 시점이 들어간 질문

묵상하기

'질문하기'에서 뽑은 두 가지 질문에 대해 묵상합니다. 두 질문에 각각 다른 사건을 다루기 보다 하나의 사건으로 연결될 수 있도록 합니다. 본문의 전후 문맥을 살필 때, 성경을 주석하지 않도록 주의합니다. 또한 내 이야기로 바로 들어가지 말고 성경 말씀 안에 내 사건을 비춰본 후 성경 본문의 언어로 내 이야기를 씁니다.

질문에 나를 대입해 내 속의 수많은 '나'와 직면하고, 가능한 구체적인 사건 위주로 작성합니다. 그 사건 속에서 나는 어떤 죄인인지가 구체적으로 드러나야 합니다. 성경 구절을 그대로 적지 말고, 성경 절수는 반드시 표기합니다. 질문 하나당 본문 해석 3-4줄, 묵상 간증 8-10줄 분량으로 작성합니다.

적용하기

마음의 결단을 담은 '내면 적용'과 손과 발이 가는 '실천 적용', 두 부분으로 나누어 작성하되 간결하게 한두 줄로 씁니다.

- 직장에서 내 욕심과 야망을 내려놓고 구원의 사명을 잘 감당하겠습니다.

- 소그룹 모임에서 내가 체험한 하나님을 담대하게 증언하는 리더가 되겠습니다.

- 매일 말씀의 거울로 나를 비추어 인정 중독의 우상을 더 내려놓겠습니다.

- 날마다 말씀 묵상에 힘쓰며, 자녀에 대한 야망을 내려놓고 구원을 위해 기도하는 어머니가 되겠습니다.

실천 적용의 예

- 해외에 있는 큰딸에게 손 편지로 사랑을 전하겠습니다.

- 평소에 남편과 아들에게 상냥하게 말하는 것이 잘 안 되는데, 하루에 한 번이라도 상냥하게 말하고 안아 주겠습니다.

- 아이들 앞에서 아내에게 분노를 표출하고, 부재중 아빠로 지낸 시간을 회개하기 위해 청소년부를 계속 섬기겠습니다.

- 목장에 나오지 않는 목원을 찾아가 안부를 묻고 심방하겠습니다.

기도하기

주제 본문에 나온 말씀을 인용해 3-4줄 분량으로 기도문을 작성합니다. .

※ 각 과의 주제 큐티 예시 참고

2. 주일/수요예배 설교 녹취

설교 내용을 간단히 요약하는 것이 아니라 가능한 설교 말씀 그대로 적습니다. 핵심 대지는 구분하고, 마지막에 설교를 듣고 느낀 점을 적습니다. 다만 발표할 때는 핵심 대지만 간단하게 요약하고 느낀 점 위주로 말하고, 대지별 적용 질문을 자신의 상황에 비추어 자유롭게 말해 봅니다.

날짜: OO년 O월 O일
제목: 인구조사
본문: 사무엘하 24:1-9

사무엘하는 다윗이 마지막까지 인구조사를 하면서 죄짓는 것으로 막을 내립니다. 인간은 믿음의 대상이 아닙니다. 그동안 다윗의 모든 승리는 하나님이 함께하심으로 가능했습니다. 다윗이 위대해서가 아니라는 것을 보여 주는 인구조사의 죄는 무엇이고, 어떤 의미가 있는지 알아봅니다.

첫째, 하나님께서 이스라엘을 향하여 진노하셨기 때문입니다(1절).
다시 이스라엘을 향해 진노하시는 하나님입니다. 하나님은 이스라엘을 향해 전에도 진노하시고, 또다시 진노하십니다. 다윗을 격동시켜서 인구를 조사하게 하고 벌을 내리십니다. 이 일로 7만 명이나 죽게 되지만, 하나님은 백 퍼센트 옳으신 분입니다. 하나님은 왜 진노하셨을까요? 사울 왕이 기브온 족속을 억압하고 죽인 결과, 사울 자손의 일곱을 매달았고 리스바의 회개 기도를 들어주셨습니다. 사울은 하나님의 말씀을 알아듣지 못하는 사람이었기에 하나님의 말씀을 듣는 다윗에게 사울의 죄를 물으신 것입니다. 다윗은 언제나 책임을 지는 사람이었습니다.

연대순으로 보면 인구조사는 다윗 통치 시기의 마지막에 행한 것이 아니라 밧세바 사건과 압살롬의 반란 사건 이후입니다. 하나님이 다윗의 아들을 치시고, 차례대로 예언이 성취되었습니다. 그리고 이 모든 일을 다윗한 사람의 잘못으로 받아들였습니다. 다윗은 강간, 살인, 반역의 사건 앞에 철저하게 무능력했지만, 처절하게 회개하는 모습을 보여 줍니다.

모든 것을 지도자 왕의 잘못으로 몰고 가지만, 왕의 잘못은 백성의 잘못이기도 하다고 알려 주십니다. 이스라엘 백성의 죄는 다윗을 따르지 않고 압살롬을 따른 것입니다. 반역자, 대적자인 압살롬은 기름 부음이 없었습니다. 압살롬이 이스라엘 백성의 마음을 훔쳤다고 했습니다. 백성이 압살롬의 외모와 언변에 넘어갔고, 다윗을 믿고 따르지 않은 것입니다. 백성은 사울 왕을 외모로 취하더니 이번에는 압살롬의 외모에 반했습니다. 그 후에는 사울 족속 베냐민 지파의 세바를 따릅니다.

이 일이 다윗 때문이기도 하지만, 다윗을 배반한 것은 결국 하나님을 배반한 것이기에 백성을 치리해야 했습니다. 사무엘을 따르다가 사울을 따르고, 다윗을 따르다 압살롬을 따르고, 베냐민 지파를 따르는 백성입니다. 행위가 아니라 오직 믿음으로 구원을 받기 때문에 다윗에게 구원이 있음을 깨달아야 합니다. 압살롬을 따르는 것은 하나님을 반역하는 것입니다. 스펙, 외모, 성품을 따르는 것은 하나님을 반역하는 일입니다. 하나님은 다윗의 치부를 드러내시지만, 그럼에도 다윗에게 구원이 있습니다. 하나님을 수없이 반역한 백성이 그들을 위해 세운 왕을 끊임없이 반역했습니다.

(적용 질문) 세상 왕을 끊임없이 벗어나지 못해서 하나님이 진노하실 일은 무엇입니까?

(중략)

셋째, 인구조사의 실체는 넘버 게임입니다(2-9절).

현대 사탄의 궤계는 '수'(數)입니다. 사탄은 다윗에게 방해 공작을 벌여 '넘버 게임'을 하게 합니다. 다윗은 단에서 브엘세바까지 인구를 조사하라고 재촉하며 명령했습니다. 요압이 '하나님은 백배나 더하실 수 있는 분'이라며 만류했지만, 격동된 다윗은 요압의 바른말을 듣지 않습니다.

하나님이 알려 주신 것만 알면 되는데 내가 알고 싶은 것이 많아 늘 문제가 생깁니다. 우리는 숫자에 약합니다. 다윗의 전쟁은 하나님만 의지할 때 승리했습니다. 전쟁 전에 계수를 하면 적군의 많은 수가 두려워 싸우기가 어렵습니다. 비교 때문에 인생이 힘든 것입니다. 모세가 한 인구조사는 홍해 바다를 건넌 감사함에 계수한 것이었고, 이때는 넘버 게임이라고 하지 않습니다. 순수한 마음으로 한 것인지, 열등감 때문에 과시하려고 한 것인지가 중요합니다.

인구조사를 위해 아홉 달 이십 일 동안 시간과 물질을 쏟으며 그동안 점령한 것을 돌아보게 했습니다. 다윗은 그동안 물리친 숫자가 궁금하고 그것을 백성에게 자랑하고 싶었을 것입니다. 좋은 생각은 빨리 적용해야 하지만 오래 생각하다가 적용하지 못하는 것이 있습니다. 이것이 혈기이고 욕심입니다. 내가 하려는 것을 누가 말릴까 봐 욕심을 내고, 못하게 해서 막힐 때 혈기를 냅니다. 오늘 재촉하고 싶은 것을 참고, 하나님의 은혜로 했다고 하면서 세상의 복을 자랑하는 다윗의 모습입니다. 이것이 잘못입니다. 이런 의도로 인구조사를 한 것이 잘못입니다.

(적용 질문) 우리가 자랑하고 두려워하는 숫자는 무엇입니까? 연봉, 자녀의 성적, 주가 지수입니까?

숫자가 올라가면 좋아하고 내려가면 두려운 것이 넘버 게임입니다. 이것이 사탄의 유혹입니다. 인구조사는 하나님이 이스라엘 백성에게 진노하신 것이고, 다윗을 격동하게 하셔서 치리한 사건입니다. 인구조사는 넘버 게임이고 숫자놀음입니다. 우리는 다윗의 마지막이 인구조사의 죄로 끝나는 것을 기억해야 합니다.

느낀 점

제 아버지는 부유하고 다복한 환경에서 자라셨지만, 홀로 월남을 하셨습니다. 늘 정이 그리웠던 아버지는 어머니를 만난 후로 작은 외할아버지를 아버지처럼 모시고 결혼 비용으로 모아둔 돈을 전부 맡겼다고 합니다. 그러나 빚에 쪼들리던 작은 외할아버지가 그 돈을 빚 갚는 데 써 버리셨고, 정작 아버지가 결혼할 때는 혼수조차 변변히 마련할 수 없었다고 합니다. 그때부터 우리 집의 셋방살이가 시작됐습니다. 초등학생 때는 매년 이리저리 옮겨 다니느라 친구를 사귀기도 어려웠습니다.

이 같은 어린 시절의 쓰라린 기억 때문에 저는 셋방에서는 살지 않으리라 굳게 다짐했습니다. 직장생활을 시작하면서 교통비를 제외한 월급의 대부분을 저축했고, 결혼할 때는 작은 빌라를 마련했습니다. 그 후 집을 팔아 구입한 강남의 작은 아파트는 시기를 잘 만나서인지 가격이 급등했고, 다시 매입한 고층아파트 또한 가격이 계속 올라 12억까지 호가했습니다. 그러니 신문을 볼 때마다 부동산 면에서 집 시세를 보는 것이 낙이었고, 우리 집 아파트 가격은 늘 자랑거리였습니다.

직장을 퇴직하고 시작한 디자인 사무실은 처음에는 수지가 맞는 것 같더니 해가 갈수록 적자 폭이 늘어갔습니다. 결국 모자란 운영비를 주택 담보로 해결하고, 일부는 생활비로 쓰는 일이 잦아졌습니다. 불어난 빚에 미국의 금융위기 악재까지 겹쳐 아파트를 매각할 수밖에 없었고, 결국 제 다짐과 달리 셋방살이 신세가 되었습니다. 전에는 집 시세를 보면서 흐뭇했지만, 지금은 치솟는 전세가를 보기가 두려워 부동산 면은 보지 않고 넘어갑니다. 아파트를 소유했을 때도 구입 당시 대출금이 있어 온전히 제 것은 아니었지만, 친구나 지인에게 과시하기 위해 아파트 시세를 확인하고 다녔습니다. 아파트가 우상이 되어 자랑거리가 된 것입니다.

다윗이 열등감으로 인구조사를 해서 자신의 세력을 과시하려 한 것처럼 저도 어렸을 때 이사를 다니며 가난하게 살았던 열등감 때문에 아파트 가격을 자랑한 것 같습니다. 숫자를 자랑하던 제게 하나님의 진노로 금융위기를 주시고, 결국 몇 억의 손해를 보고 아무것도 남지 않게 하셨습니다. 그러니 높아지는 전세가에 하나님만 바라볼 수밖에 없습니다. 내가 할 수 없으니 하나님만 바라보게 하시는 것이 축복이라 생각합니다. 다가올 내일을 염려하지만 평강한 오늘을 영위케 하시고 말씀으로, 은혜로 견인해 가시는 하나님을 사랑합니다.

3. 독서물

주제 도서를 읽고 독후감을 쓰는 동안, 매 과의 주제를 좀 더 구체적으로 이해하게 됩니다. 내용을 요약하고 책을 읽으면서 느낀 점을 자신의 삶과 연결 지어 작성하도록 합니다.

제목

자신만의 제목을 정해 봅니다.

책을 이해하기 쉽게 각 장마다 간략하게 요약해 봅니다.

책을 읽으면서 감동한 부분, 인상 깊은 점, 깨달은 것, 이해되지 않는 부분을 적습니다. 특히 각 과의 중심 주제가 담긴 부분을 주의 깊게 읽고, 책 속에 적용할 부분이 있다면 자신의 삶을 돌아보고, 구체적인 실천 사항을 적어 봅니다..

독후감 예시 (권혜경)

도서명: 보시기에 좋았더라
저자: 김양재
출판사: 두란노
페이지수: 323쪽

제목 : 말씀으로 해석되는 인생

내용 요약

chapter 1. 나를 도우시는 창조 사역

성부 하나님의 숨겨진 뜻이 성자 하나님의 낮아지심으로 나의 관계와 질서, 시간과 공간 안으로 들어오심을 통해 드러났습니다. 여전히 흑암과 혼돈이 있고 관계와 질서에 순종하기가 힘들지만 진리의 성령님이 효과적으로 도와주십니다. 그 도우심을 받아 창세전부터 택함받은 우리가 이제 새로운 창조 사역을 감당해야 합니다.

chapter 2. 보시기에 좋았더라

보시기에 좋은 인생이 되기 위해 말씀이 들려야 합니다. 우리의 혼돈과 공허, 흑암을 지극한 애정으로 품으며 내 곁의 사람들도 그렇게 품고 갈 때 '하나님 이 비추시는 은혜의 빛으로 이르시되'의 말씀이 들리기 시작해 내 인생이 해석되고 환해집니다. 그리고 우리는 빛 된 인생이 되어야 합니다. 내 빛은 내 허물과 수치입니다. 하나님께서 모든 것을 창조의 시선으로 보시기에 내놓기만 하면 보시기에 좋았다고 하십니다.

(중략)

느낀 점

창조의 목적은 거룩이라고 하시는데, 저는 예수를 믿는다고 하면서도 말씀의 빛을 받지 못했고, 외도하는 남편으로 인해 혼돈과 공허로 흑암이 깊은 삶이었습니다. 저는 모든 것을 선악의 문제로 보고 남편의 잘못만 탓했습니다. 가인이 죄의 소원을 다스리지 못하고 빗나간 예배로 아벨을 살인했으면서도 끝까지 회개하지 않고 하나님을 떠난 것처럼, 저도 남편을 미워하고 원망하면서도 죄가 무엇인지 몰라 하나님을 떠나 죽을 인생이었습니다. 그런데 교회에서 말씀을 들으면서 남편의 외도 사건은 성자 하나님께서 나에게 꼭 맞는 사건으로 디자인하셔서 성부 하나님의 뜻을 나타내신 것으로 해석이 되었습니다. 그리고 말씀 듣는 구조 속에서 순종해 가니 나를 지으신 하나님께서는 저를 재창조해 가셨습니다.

하나님은 각기 종류대로 먹히기 위해 열매를 맺으라고 하시는데 저는 각각의 종류를 인정하지 않았습니다. 먹히려고 하기보다는 내 야망대로 열매를 맺으려고 남편을 무시하고 다그치며 인정받기 위해 지나치게 열심을 냈습니다. 재혼이라는 피해 의식과 열등감으로 가인처럼 남편에게 책임을 전가하다가 선악과를 먹은 본질적인 죄는 알지도 못할뻔했는데, 하나님은 사건으로 저를 찾아오셔서 회개할 기회를 주시고 말씀으로 양육해 가십니다.

벌을 주신 목적은 영적 후손을 낳기 위함이라고 하셨는데, 남편의 외도를 통해 희생과 인내를 배우게 하시고 구속사의 계보에 오르는 인생이 되게 해 주셔서 감사합니다. 나의 연약을 부르짖고 회개할 때, 내 옆의 힘든 지체가 비로소 여호와의 이름을 부르게 된다는 것을 알고 사명을 잘 감당하겠습니다.

4. 매일 큐티

큐티엠에서 발행하는 월간 QT묵상지,《큐티인》을 활용하여 일주일간 큐티를 하고, 매일 느낀 점만 간략히 적어 오는 과제입니다. 말씀 묵상 후 깨달은 점을 자신의 상황에 구체적으로 연결시켜 보고, 말씀 묵상 후 일어난 생각의 변화 등을 작성합니다. A4 용지 한 장에 3일 분량이 들어가도록 큐티 하나당 4-5줄 정도 적습니다(일주일에 3일 이상).

매일 큐티 예시 (박재석)

OO년 O월 O일 - 시편 1:1-6

오늘 말씀을 묵상하며, 저만의 특유의 성실함을 무기로 아직도 '세상 성공이 형통'이라는 무의식적 사고가 제게 있음을 깨닫게 되었습니다(3절). 외적인 환경과 상관없이 말씀을 보는 구조 속에 있는 것이 가장 형통한 삶이라는 것을 머리로는 알고 있지만, 여전히 '주님이 채워 주신 물질과 세상 성공이 더해져야만 진정한 형통이지'라는 바람에 나는 겨(4절)와 같은 악인들의 생각에 빠져 이원론적인 신앙생활을 하고 있었음을 고백합니다. 이런 기복적인 저의 구원을 위해 주님이 가장 알맞게 허락하신 고난이 바로 자녀의 질병 고난이라는 것을 인정하지 않을 수가 없습니다.

OO년 O월 O일 - 창세기 44:1-13

오늘 본문에서 형제들은 요셉이 베냐민의 자루에 넣은 은잔 때문에 도둑으로 몰립니다(2, 12절). 그러나 이 일은 형제들에게 요셉을 팔아넘긴 죄를 기억나게 하시려는 하나님의 세팅이었습니다. 저 또한 작은 새 한 마리의 죽음으로 가족에게 혈기 부린 이 일이야말로 하나님이 저의 죄패를 기억나게 하시려고 주신 사건이라는 생각이 들었습니다. 그래도 형제들은 억울한 상황에서도 과거에 요셉을 팔아넘긴 죄를 기억하여 연대책임을 지고 애굽으로 돌아갔습니다(13절). 하지만 저는 또다시 예전의 혈기 대마왕으로 돌아가 가족에게 큰 상처를 주고 말았습니다.

교회 청년부 시절을 은혜롭게 보냈지만, 중장년기에 접어들어서는 묵상한 말씀을 지식으로 삼아 사람들을 판단하게 되었습니다. 오늘 본문에서 바울은 "너희 가운데 분쟁이 없이 같은 마음과 같은 뜻으로 온전히 합하라"(10절)고 하는데, 저는 작년 교회 소그룹 모임에서 그러지 못해 힘든 시간을 보냈습니다. 공동체에 온 지 얼마 되지 않은 부부를 내 생각으로 판단하며 가르치려 하다가 1년 가까이 원망의 말을 들어야 했습니다. 처음에는 내 죄가 보이지 않아 분이 나고 힘들었지만, 시간이 지날수록 이 일이 우연이 아니라는 생각이 들었습니다. 그러던 중 이것이 하나님보다 앞서는 내 생각과 내 열심을 빼시려는 하나님의 계획임을 깨닫게 되었고, 저를 원망한 지체에게 진심 어린 사과를 할 수 있게 되었습니다. 이제는 공동체에서 갈등을 겪을 때마다 이것이 말의 지혜가 아닌 오직 그리스도의 십자가로 복음을 전하게 하시려는 주님의 선한 계획임을 인정하고, 지체들과 같은 마음과 같은 뜻으로 온전히 합하겠습니다(10, 17절).

5. 생활 숙제

각 과의 주제에 맞는 실천 과제가 주어집니다. 예를 들어 간증문 작성하기, 기도생활의 문제점 찾아보기 등 다양합니다. 생활 숙제를 바탕으로 한 주간 실천한 뒤 느낀 점을 적고, 그 내용이 주제와 통일성을 이루도록 합니다.

6. 성구 암송

각 과의 내용을 함축하고 있는 주제 성경 구절을 한 주간 꾸준히 암송합니다. 주제 성경을 암송하면, 해당 주제를 파악하는 데 큰 도움이 됩니다. 그러므로 마지막에 급히 외우지 않도록 주의합니다.

과제물 점검표 '하나님 앞에서'

과제	주제 큐티	주일 설교	수요 설교	독서물	생활 숙제	매일 큐티	성구 암송
01							
02							
03							
04							
05							
06							
07							
08							
09							
10							

THINK 예비목자양육 I 과제물

01 성경 - 내 안에 뚫고 들어온 말씀

주제 큐티 요한계시록 5:1-7
독 서 물 『위기! 입니다』 (김양재, QTM)
생활 숙제 인생의 중요한 고비마다 나를 회개하게 하고 살린 말씀은 무엇이었는지 사건 중심으로 두세 가지 나눠 봅시다.
성구 암송 히브리서 4:12, 요한계시록 5:5

02 삼위일체 하나님 - 나를 도우시는 창조 사역

주제 큐티 창세기 1:1-2
독 서 물 『문제아는 없고 문제 부모만 있습니다』 (김양재, QTM)
생활 숙제 내가 순종해야 할 관계와 질서의 자리는 어디이고, 그 자리에서 어떤 역할을 감당해야 하는지 말해 봅시다(가정, 직장, 교회 등). 그리고 어떻게 효과적인 성령님의 도우심을 경험했는지 나눠 봅시다.
성구 암송 요한복음 1:1-2, 창세기 1:1-2

03 인간의 타락과 그 결과 - 죄를 다스릴지니라

주제 큐티 창세기 4:1-7
독 서 물 『합격』 (김양재, QTM)
생활 숙제 하나님이 받으시는 예배를 드리기 위해 내가 바꿔야 할 태도나 습관은 무엇인지 나눠 봅시다.
성구 암송 창세기 3:16, 창세기 4:7

04 나를 살리는 회개 - 죄 고백

주제 큐티 사무엘하 12:13-31
독 서 물 『내면세계의 질서와 영적 성장』 (고든 맥도날드, IVP)
생활 숙제 다윗이 밧세바를 범하고 우리아를 죽인 죄를 은폐했던 것처럼 아직까지 고백하지 못한 죄가 있다면, 하나님께 드리는 편지글 형식으로 고백해 봅시다.
성구 암송 시편 51:10-11, 사무엘하 12:16

05 율법과 은혜 - 율법을 주신 이유

주제 큐티 로마서 7:7-16
독 서 물 『모든 남자의 참을 수 없는 유혹』 (스티븐 아터번 외 2명, 좋은씨앗)
생활 숙제 남자: 성적 자극으로부터 눈을 피하는 훈련을 구체적으로 해 보고 느낀 점을 작성해 봅시다.
여자: 배우자를 다른 사람과 비교하는 모습은 없는지 돌아본 후, 배우자와 진정으로 연합하기 위해 구체적으로 적용할 점을 작성해 봅시다.
성구 암송 로마서 7:24, 로마서 7:9

06 보혜사 성령 - 약속하신 것을 기다리라

주제 큐티 사도행전 1:1-8
독 서 물 『이것이 성령님이다』 (A. W. 토저, 규장)
생활 숙제 나의 예루살렘, 곧 내가 떠나지 말아야 할 힘든 곳은 어디입니까? 그곳에서 내가 적용해야 할 일(언제, 어디서 등 구체적으로)은 무엇인지 나눠 봅시다.
성구 암송 로마서 8:26, 사도행전 1:8

07 제자도 - 팔복을 누리는 삶

주제 큐티 마태복음 5:3-12
독 서 물 『큐티하는 자는 복이 있나니』 (김양재, QTM)
생활 숙제 팔복 중에서 가장 실천해 보고 싶은 두 가지를 정해 구체적으로 적용한 후, 느낀 점을 작성해 봅시다.
성구 암송 창세기 1:22, 마태복음 5:3, 10

08 영혼 구원 - 성령의 구속사

주제 큐티 사도행전 13:14-23
독 서 물 『천국을 누리라』 (김양재, QTM)
생활 숙제 믿지 않는 가족이나 동료, 친구에게 이번이 마지막 기회라고 생각하고, 나의 구속사 간증을 담아 복음을 전하는 편지를 작성해 봅시다.
성구 암송 요한계시록 22:2b, 사도행전 13:23

09 교회론 - 사명 공동체

주제 큐티 로마서 15:1-13
독 서 물 『1세기 교회 예배 이야기』 (로버트 뱅크스, IVP)
생활 숙제 다른 사람에게 손해를 끼치더라도 내 기쁨을 우선했던 과거의 모습과 연약한 사람을 영적으로 세우고 있는 현재의 모습을 비교해 보고, 얼마나 달라졌는지 구체적으로 적어 봅시다.
성구 암송 사무엘상 22:2, 로마서 15:1

10 종말론 - 그런즉 깨어 있으라

주제 큐티 마태복음 24:1-14
독 서 물 『내가 너를 아노라』 (김양재, QTM)
생활 숙제 깨어 있는 삶을 살기 위해 할 수 있는 적용 세 가지를 정해 한 주간 실천해 봅시다.
성구 암송 마태복음 25:13, 마태복음 24:14

성구 암송

01 성경 - 내 안에 뚫고 들어온 말씀

히 4:12 하나님의 말씀은 살아 있고 활력이 있어 좌우에 날선 어떤 검보다도 예리하여 혼과 영과 및 관절과 골수를 찔러 쪼개기까지 하며 또 마음의 생각과 뜻을 판단하나니
계 5:5 장로 중의 한 사람이 내게 말하되 울지 말라 유대 지파의 사자 다윗의 뿌리가 이겼으니 그 두루마리와 그 일곱 인을 떼시리라 하더라

02 삼위일체 하나님 - 나를 도우시는 창조 사역

요 1:1-2 태초에 말씀이 계시니라 이 말씀이 하나님과 함께 계셨으니 이 말씀은 곧 하나님이시니라 그가 태초에 하나님과 함께 계셨고
창 1:1-2 태초에 하나님이 천지를 창조하시니라 땅이 혼돈하고 공허하며 흑암이 깊음 위에 있고 하나님의 영은 수면 위에 운행하시니라

03 인간의 타락과 그 결과 - 죄를 다스릴지니라

창 3:16 또 여자에게 이르시되 내가 네게 임신하는 고통을 크게 더하리니 네가 수고하고 자식을 낳을 것이며 너는 남편을 원하고 남편은 너를 다스릴 것이니라 하시고
창 4:7 네가 선을 행하면 어찌 낯을 들지 못하겠느냐 선을 행하지 아니하면 죄가 문에 엎드려 있느니라 죄가 너를 원하나 너는 죄를 다스릴지니라

04 나를 살리는 회개 - 죄 고백

시 51:10-11 하나님이여 내 속에 정한 마음을 창조하시고 내 안에 정직한 영을 새롭게 하소서 나를 주 앞에서 쫓아내지 마시며 주의 성령을 내게서 거두지 마소서
삼하 12:16 다윗이 그 아이를 위하여 하나님께 간구하되 다윗이 금식하고 안에 들어가서 밤새도록 땅에 엎드렸으니

05 율법과 은혜 - 율법을 주신 이유

롬 7:24 오호라 나는 곤고한 사람이로다 이 사망의 몸에서 누가 나를 건져내랴
롬 7:9 전에 율법을 깨닫지 못했을 때에는 내가 살았더니 계명이 이르매 죄는 살아나고 나는 죽었도다

06 보혜사 성령 - 약속하신 것을 기다리라

롬 8:26 이와 같이 성령도 우리의 연약함을 도우시나니 우리는 마땅히 기도할 바를 알지 못하나 오직 성령이 말할 수 없는 탄식으로 우리를 위하여 친히 간구하시느니라
행 1:8 오직 성령이 너희에게 임하시면 너희가 권능을 받고 예루살렘과 온 유대와 사마리아와 땅 끝까지 이르러 내 증인이 되리라 하시니라

07 제자도 - 팔복을 누리는 삶

창 1:22 하나님이 그들에게 복을 주시며 이르시되 생육하고 번성하여 여러 바닷물에 충만하라 새들도 땅에 번성하라 하시니라
마 5:3, 10 심령이 가난한 자는 복이 있나니 천국이 그들의 것임이요 …… 의를 위하여 박해를 받은 자는 복이 있나니 천국이 그들의 것임이라

08 영혼 구원 - 성령의 구속사

계 22:2b 강 좌우에 생명나무가 있어 열두 가지 열매를 맺되 달마다 그 열매를 맺고 그 나무 잎사귀들은 만국을 치료하기 위하여 있더라
행 13:23 하나님이 약속하신 대로 이 사람의 후손에서 이스라엘을 위하여 구주를 세우셨으니 곧 예수라

09 교회론 - 사명 공동체

삼상 22:2 환난 당한 모든 자와 빚진 모든 자와 마음이 원통한 자가 다 그에게로 모였고 그는 그들의 우두머리가 되었는데 그와 함께 한 자가 사백 명 가량이었더라
롬 15:1 믿음이 강한 우리는 마땅히 믿음이 약한 자의 약점을 담당하고 자기를 기쁘게 하지 아니할 것이라

10 종말론 - 그런즉 깨어 있으라

마 25:13 그런즉 깨어 있으라 너희는 그 날과 그 때를 알지 못하느니라
마 24:14 이 천국 복음이 모든 민족에게 증언되기 위하여 온 세상에 전파되리니 그제야 끝이 오리라

MEMO

MEMO

MEMO

MEMO

THINK 예비목자양육 I

초판 발행일 I 2016년 4월 11일
개정증보 2판 1쇄 I 2026년 2월 25일

발행인 I 김양재
편집인 I 송민창
편집자문 I 성승완 이성훈 정지훈
편집장 I 정지현
편집 I 김윤현 진민지 장승영 이승연
디자인 I 디브로(주) 정승원 문성경

발행처 I 큐티엠
주소 I 경기도 성남시 분당구 대왕판교로385번길 26, 2층 단행본 편집부 (우)13543
편집 문의 I 031-606-3854 **구입 문의** I 031-707-8781
팩스 I 031-990-6935
홈페이지 I www.qtm.or.kr **이메일** I books@qtm.or.kr
인쇄 I ㈜신우디앤피
총판 I ㈜사랑플러스 02-3489-4300

ISBN I 979-11-94352-28-0